코드업과 함께 하는 파이썬 & 문제 해결

배준호 · 정웅열 · 정종광 · 전현석 지음

(주)삼양미디어

왜 프로그래밍을 배워야 하나요?

4차 산업혁명이 일어나고 있는 현재는 모든 것이 디지털화되고 정보와 지식을 넘어 지능이 만들어지고 있는 사회이며, 컴퓨터는 앞으로 우리 생활에 더더욱 큰 자리를 차지하게 될 것이다. 그렇다면 우리에게는 기존의 3Rs(읽기, 쓰기, 셈하기) 이외에 어떤 능력이 필요할까? 많은 사람들은 일상의 문제 해결에 컴퓨터를 이용할 수 있는 능력, 즉 컴퓨팅 사고력(CT; Computational Thinking)이 필요하다고 말한다. 마치 컴퓨터과학자처럼 말이다.

우리가 컴퓨터과학자처럼 실생활의 문제를 해결하기 위해서는 복잡한 문제 상황을 정확하게 분석하고, 이를 해결하기 위한 알고리즘을 설계할 수 있어야 한다. 그리고 컴퓨터를 이용하여 알고리즘을 구현하기 위해서는 소프트웨어(SW; software)를 작성하는 프로그래밍 능력이 필수적이다. 따라서 프로그래밍은 컴퓨팅 사고력을 함양하기 위해 우리가 할 수 있는 가장 좋은 학습 내용이자 방법이다. 이 때문에 오늘날의 SW 중심 사회, 지능 정보 사회를 대비하려면 프로그래밍 능력, 코딩 능력은 선택이 아닌 필수가 되었다.

프로그래밍을 잘하고 싶어요.

그러나,

어디서부터 무엇을 어떻게 시작해야 할지 고민만 하다가 포기하는 사람,

통합 개발 환경(IDE) 프로그램을 설치하고 사용할 줄 몰라 포기하는 사람,

프로그래밍 책의 앞부분만 계속 보다가 흥미를 잃고 그만 두는 사람,

프로그래밍 공부를 하고 있지만 이렇게 하는게 맞는지 의문이 드는 사람,

프로그래밍 책의 어느 내용이 중요한 부분인지 파악이 안 되는 사람,

이런 사람들이 많은 것이 현실이다.

필자들은 현직 정보 교사로서 학생들에게 프로그래밍을 좀 더 재미있고 체계적으로 가르칠 방법이 필요했다. 그래서 다양한 방법을 활용하였지만 만족스러운 결과를 얻기 어려웠다. 그러던 중 온라인 저지 시스템을 개발하여 수업에 적용해 보았더니, 프로그래밍에 '프' 자도 듣기 싫어하는 학생들이 재미있다고 밤늦게 문자를 보내오고, 주말에 집에서도 스스로 프로그래밍을 공부하는 학생들을 보게 되었다. 학업 성취도가 매우 낮은 학생들도 흥미를 가지고 열심히 학습에 참여하는 모습을 본 후 우리는 이때부터 온라인 저지 시스템에 대한 확신을 갖게 되었다.

기존의 프로그래밍 학습은 딱딱한 강의를 듣거나 두꺼운 책을 보면서 코드를 따라 쳐보는 방식이었다. 이 방식은 재미도 없고, 학습 능률도 쉽게 오르지 않는다. 그리고 프로그래밍 문법 배우기에 급급하

고, 별로 사용되지 않는 명령들까지 심도 있게 공부하느라 힘들다. 아마 이런 부분에서 흥미를 잃고 포기하는 사람이 많았을 것이다. 온라인 저지가 예전부터 있었다면 어땠을까? 조금 늦은 감이 있지만 지금이라도 온라인 저지는 프로그래밍 학습의 필수 도구가 되어야 한다.

이 책은 어떤가요?

이 책은 국내 대표적인 온라인 저지인 '코드업'을 활용한 파이썬 프로그래밍 학습용 교재로 개발되었다. 기존의 책과는 달리 따라하기 형태의 기본 예제를 통해 코드를 확인하고, 핵심 내용을 중심으로 설명을 최소화하였다. 프로그래밍 언어 학습보다는 문제 해결을 위한 프로그래밍의 본질에 초점을 두었기 때문이다. 기본 예제를 학습한 후에는 코드업에 있는 관련 문제들을 풀 수 있도록 안내하여 자기 주도적인 학습이 이루어지게 하였다. 이를 위해 문제 해결을 위한 프로그래밍 과정에서 자주 사용되지 않는 명령과 문법, 문제 해결을 통한 컴퓨팅 사고력의 함양이라는 목적에 부합하지 않는 클래스와 함수, 패키지와 라이브러리에 대한 소개와 활용은 과감하게 배제하였다. 이것은 앞서 출판된 "코드업과 함께하는 C 언어 & 문제 해결" 교재의 접근 방식과 동일한 것으로 많은 선생님들과 학생들의 요구에 따른 것이기도 하다.

이 책은 다음과 같은 내용으로 구성되었다.

PART 0 에서는 온라인 저지를 소개하고, 이 책에서 사용될 코드업 온라인 저지의 특징과 활용 방법을 안내한다.

PART 1 에서는 프로그래밍 및 통합 개발 환경, 그리고 컴퓨팅 사고로 문제를 해결하는 과정을 소개한다. 그리고 파이썬 프로그래밍의 기본 명령과 문법을 따라하기 형태의 간단한 예제와 다양한 문제를 통해 학습할 수 있게 구성하였다.

PART 2 는 [PART 1]에서 배운 기본 개념을 바탕으로 코드업에 있는 다양한 문제를 분석하여 알고리즘을 설계하고, 프로그래밍을 통해 해결하는 내용으로 구성하여 학습자의 컴퓨팅 사고력이 향상될 수 있도록 하였다. 또한, 파이썬의 함수를 활용하여 간단하게 프로그래밍 하는 방법도 함께 제시함으로써 다양한 문제 해결 방법을 익힐 수 있도록 돕고자 하였다.

파이썬에 관한 많은 책이 있지만 컴퓨팅 사고력의 관점에서 문제 해결력을 기를 수 있는 프로그래밍 입문서는 많지 않다. 지능 정보 사회의 주역이 될 독자들에게 소중한 선물이 되기를 바라는 네 명의 정보 선생님들의 마음을 이 책에 담고자 한다.

– 저자 일동

CONTENTS |차례|

CHAPTER 02 | 프로그래밍의 기초

CONTENTS

온라인 저지(OJ; Online Judge)는 프로그래밍을 통해 작성한 소스 코드를 인터넷에 제출하면, 채점 결과와 알고리즘 효율성을 자동으로 분석하여 즉시 제공해 주는 프로그래밍 학습 시스템이다. 이를 활용하면 프로그래밍을 지루하지 않게 학습하고, 도전감과 성취감을 느낄 수 있다.

코드업은 대표적인 국내 온라인 저지 사이트들 중 하나로서 프로그래밍에 입문하는 사람, 프로그래밍을 체계적으로 배우고 싶은 사람, 각종 프로그래밍 대회를 준비하는 사람들에게 적합한 사이트이다.

온라인 저지와
코드업

온라인 저지

기존의 프로그래밍 학습은 책이나 강의를 통해 코드를 따라 입력해 보거나 문제를 해결하고 답을 확인하는 방식이었다. 만일 내가 작성한 코드가 올바른 것인지를 바로 확인해 주고, 더 좋은 코드를 알려 주는 시스템이 있다면 어떨까? 지금부터 그러한 시스템이 가능한 온라인 저지에 대해 살펴본다.

1 온라인 저지 이해

온라인 저지(OJ; Online Judge) 또는 프로그램 자동 채점 시스템은 프로그래밍 코드를 온라인으로 제출하여 서버에서 실행시키고, 제한 시간 및 허용된 메모리 내에서 정확한 답을 출력하는지 실시간으로 채점하여 알려 주는 학습 시스템이다. 온라인 저지는 학습자가 작성한 프로그래밍 코드의 채점 결과를 즉시 확인할 수 있어 자기 주도적 프로그래밍 학습에 효율적인 시스템이다. 또한 다른 학습자들의 프로그래밍 코드와 알고리즘 효율성을 비교할 수 있어 더욱 재미있게 프로그래밍을 배울 수 있게 도와준다. 이러한 장점 때문에 온라인 저지는 초 · 중 · 고등학교의 정보(SW) 수업은 물론, 정보올림피아드 및 대학생 프로그래밍 경시대회 등 여러 프로그래밍 대회에서 사용되고 있다.

2 온라인 저지의 종류

국내뿐만 아니라 해외에도 많은 온라인 저지 사이트가 운영되고 있다. 온라인 저지는 일반적으로 프로그래밍으로 해결할 수 있는 다양한 문제를 제시하고, 실시간 채점 현황을 보여 준다. 여기에 각 저지 사이트마다 특색 있는 기능을 추가하여 운영하고 있다. 요즘 해외 유명 온라인 저지들은 자체 대회를 열어 학습자들이 프로그래밍 실력을 겨루고 자신의 순위를 확인하여 컴퓨팅 사고력(CT; Computational Thinking), 즉 컴퓨터를 이용한 창의적인 문제 해결력을 확인할 수 있도록 하고 있다.

1. 국내 온라인 저지

(1) 코드업

이 책의 저자인 배준호 교사가 만든 온라인 저지로서, 이 책에서 사용하므로 자세한 내용은 SECTION 2 에서 소개한다.

▲ 코드업(www.codeup.kr)

(2) 코이스터디

이 책의 저자인 정종광 교사가 만든 온라인 저지로서, 실제 학교 수업에 활용되고 있으며 프로그래밍 실력이 높은 학생들이 애용하는 채점 시스템이다. 기초 100제를 비롯하여 다양한 문제 해결 전략을 요구하는 수준 높은 문제들이 많아 프로그래밍 문제 해결 심화 학습을 하는 데 적합하다.

▲ 코이스터디(www.koistudy.net)

(3) 저지 온

경남과학고에서 운영하는 온라인 저지로서, 실제 학교 수업에 활용되고 있다. 쉬운 문제와 어려운 문제가 잘 배분되어 있으며, 프로그래밍과 문제 해결 전략을 차근차근 배울 수 있게 구성되어 있다.

▲ 저지 온(www.judgeon.net)

(4) 기타 국내 온라인 저지

이외에도 국내 최대 규모이며 다양한 기능을 제공하고 있는 백준 온라인 저지(www.ac-micpc.net), 프로그래밍 초고수들이 함께 하는 알고스팟(https://algospot.com), 프로그래밍 및 문제 해결 전략 동영상 강좌를 제공하는 Coding is fun(codingfun.net) 등이 있다.

2. 해외 온라인 저지

(1) 코드 포스

러시아의 ITMO 대학교에서 운영하는 온라인 저지로서, 프로그래밍 실력을 겨룰 수 있는 대회를 정기적으로 열고 있다. 이 대회에는 전 세계 프로그래밍 실력자들이 참가하며, 난이도에 따라 Div. 1, Div. 2, Div. 3으로 나누어 대회가 운영된다. 대회 중 다른 사람이 제출한 코드의 약점을 찾아내어 점수를 획득하고 상대방의 점수는 깎아 내리는 Hack이라는 요소를 통해 대회의 재미를 더하고 있다. 대회가 끝나면 출제된 문제들을 다시 해결해 볼 수 있게 시스템에 공개한다.

▲ 코드 포스(https://codeforces.com)

(2) 앳 코더

▲ 앳 코더(https://atcoder.jp)

일본의 AtCoder사가 운영하는 프로그래밍 대회 사이트이다. '코드 포스'와 유사하게 프로그래밍 실력을 겨룰 수 있는 대회를 정기적으로 연다. 이 대회는 초급자들이 참가하는 ABC(Atcoder Beginner Contest), 중급자들이 참가하는 ARC(Atcoder Regular Contest), 고급자들이 참가하는 AGC(Atcoder Grand Contest)로 나누어 운영된다. 문제가 일본어로 제시되지만, 한국어 번역 프로그램이 우수하여 문제 내용을 파악하기 어렵지 않다. 대회 운영 시간이 우리나라에서 부담 없이 참가할 수 있는 시간대라는 점이 장점이다.

(3) USACO

미국의 Clemson 대학교에서 운영하며, 국제 정보 올림피아드를 준비하는 중등학생들을 위한 사이트이다. 매년 6번의 대회를 실시하여 미국 국가대표를 선발하며, 타국인도 관람자로서 대회에 참가하여 채점 결과를 받을 수 있다. 문제 난이도에 따라 Bronze, Silver, Gold, Platinum의 4등급으로 대회가 운영되고 있다. 대회 운영 외에도 알고리즘을 학습할 수 있는 트레이닝 사이트를 별도로 운영한다(https://train.usaco.org/usacogate).

▲ USACO(www.usaco.org)

(4) POJ

중국의 북경대학교에서 대학생 프로그래밍 경시대회(ACM-ICPC) 연습을 위해 운영하는 온라인 저지이다. 2003년부터 운영되고 있어 역사가 깊고 회원 수와 문제 수가 많다. 문제는 영어와 중국어 중 선택하여 볼 수 있고, 다양한 프로그래밍 언어를 지원한다.

▲ POJ(http://poj.org)

MEMO

SECTION 2

코드업

국내외에 존재하는 많은 온라인 저지 사이트 중 자신의 스타일에 맞는 사이트를 선택하는 것이 필요하다. 이 중 프로그래밍을 시작하는 사람이나 프로그래밍을 체계적으로 배우고 싶은 사람에게는 코드업 온라인 저지 사이트를 추천한다.

1 코드업 이해

1. 코드업 소개

코드업(https://codeup.kr)은 2012년에 개발하여 현재까지 운영 중인 국내 온라인 저지 사이트이다. 국내외 대부분 온라인 저지들은 프로그래밍 대회나 알고리즘 트레이닝 위주로 운영되어 프로그래밍에 입문하려는 학생들이 접근하기에는 다소 어려움이 있다. 이에 비해 코드업은 프로그래밍 입문자들이 쉽게 접근하여 프로그래밍에 흥미를 느끼게 구성되어 있으며, 컴퓨팅 사고를 통해 문제를 해결하는 방법을 학습하는 사이트이다.

코드업은 프로그래밍의 기본 개념인 입·출력문, 조건문, 반복문, 배열, 함수 등을 학습할 수 있는 다양한 문제들로 구성되어 있으며 파이썬을 비롯하여 C, C++, Java, Python 3.5 등의 프로그래밍 언어를 지원한다. 또한, 코드업에서는 다양한 피드백을 통해 문제를 올바르게 해결했는지 확인할 수 있다.

코드업은 크롬, 사파리, 파이어폭스, 엣지 등처럼 웹 표준을 준수하는 웹 브라우저에서만 제대로 작동한다. 인터넷 익스플로러를 사용하려면 호환성 문제 때문에 반드시 11 이상의 버전을 사용해야 한다.

현재 코드업의 회원 수는 18만 명 이상, 제출 코드는 1,500만 건을 넘어 서고 있다(2020년 10월 30일 기준).

■ 가입자 수 통계

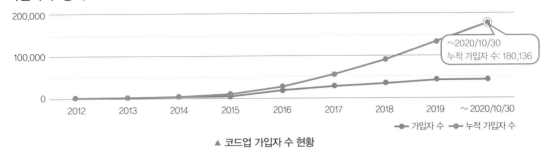

▲ 코드업 가입자 수 현황

■ 코드 제출 횟수 통계

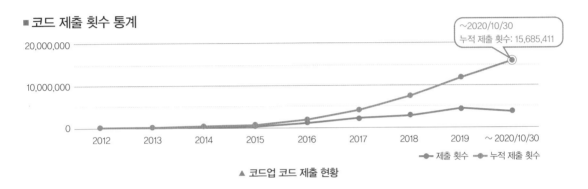

▲ 코드업 코드 제출 현황

2. 코드업 서버 제원

CPU	Intel(R) Core i5 − 8th Gen CPU @ 3.2GHz x 4
메모리	8GB
저장 장치	256GB SSD
운영 체제	UBUNTU(우분투) 16.04.5 LTS

3. 채점 가능 언어 및 번역 명령

채점 가능 언어	번역기	번역 명령
C	GNU GCC	gcc Main.c −o Main −O2 −Wall −lm ─static −std=c99 −DON-LINE_JUDGE
C++	GNU G++	g++ Main.cc −o Main −O2 −Wall −lm ─static −std=c++11 −DONLINE_JUDGE
Java	SUN_JAVA_JDK	javac −J−Xms32 −J−Xmx256 Main.java
Python 3.5	Python 3.5	python −c import py_comple; py_compile.compile(r'Main.py')

4. 코드업 문제 분류

코드업에는 프로그래밍을 통해 해결할 수 있는 많은 문제가 탑재되어 있다. 이러한 문제를 해결하는 방법이 한 가지만 있는 것은 아니지만, 다음의 분류표를 참고하여 학습하면 더 효율적일 것이다.

문제 번호	구분	비고	
1001~	기초 문제	1001 ~	기초100제
		1101 ~	입 · 출력문
		1151 ~	조건문
		1251 ~	단일 반복문
		1351 ~	다중 반복문
		1401 ~	1차원 배열
		1501 ~	2차원 배열
		1601 ~	함수
		1701 ~	수행 평가 및 쉬운 수준의 대회
		1901 ~	재귀 함수, 파일 입출력
2001~	중급 문제	약간의 문제 해결력이 필요한 문제	
3001~	자료구조, 알고리즘, 문제 해결 전략	3001 ~	탐색 및 정렬, 기본 알고리즘
		3101 ~	기본 자료 구조 및 STL
		3201 ~	트리 & 그래프 등
		3301 ~	욕심쟁이 기법
		3401 ~	DFS, BFS, 백트래킹, 분할 정복 등
		3701 ~	동적 계획법(Dynamic Programming)
4001~	국내대회 기출문제	4001 ~	교원 프로그래밍 경진대회 기출문제
		4201 ~	정보올림피아드 기출문제
5001~	해외대회 기출문제	USACO, CCC 등	

2 코드업 시작하기

1. 회원 가입하기

① 메인 페이지에서 [가입하기]를 클릭한다.

▲ 메인 페이지

② 주어진 양식에 맞춰 내용을 입력하고 [회원 가입]을 클릭한다.

▲ 회원 가입 페이지

민감한 개인 정보를 제출하지 않고, 별도의 인증 과정 없이 가입 즉시 코드업 사이트를 이용할 수 있다.

2. 코드업 사용하기

① 로그인 후 화면 상단에서 [문제] 메뉴를 클릭하고 [문제]를 선택하여 목록이 나타나면 1001번 문제를 선택한다.

▲ 문제 목록 페이지

모든 문제에는 제출한 코드와 통과한 코드의 수가 나타난다.

② 문제 설명과 입출력 형식을 읽고, 문제 해결을 위한 프로그램의 소스 코드를 자신이 사용하는 통합 개발 환경(IDE)에서 작성한 후 잘 실행되는지 확인한다. 자신의 코드를 채점하려면 [소스 제출] 버튼을 누른다.

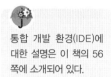

통합 개발 환경(IDE)에 대한 설명은 이 책의 56쪽에 소개되어 있다.

▲ 문제 설명 페이지

③ 소스 코드 제출 화면의 [Language]에서 작성한 프로그래밍 언어를 선택한 후, 통합 개발 환경에서 작성한 코드를 복사하여 붙여 넣고 제출한다.

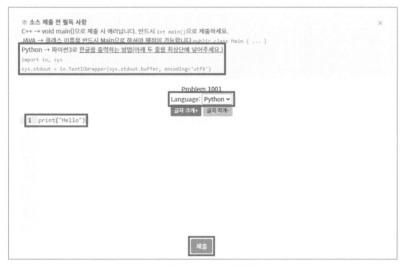

- 한글을 출력하고 싶을 때에는 "※ 소스 제출 전 필독 사항"을 참고한다.
- 코드업은 기본적으로 소스 코드를 작성할 때 input( ), print( )와 같은 표준 입출력 함수를 이용해야 한다.
- 코드업은 명령어 암기에 따른 학습 부담을 줄여 주기 위해 키워드 팝업 기능을 제공한다.

▲ 소스 코드 제출 페이지

④ 제출된 코드는 즉시 채점되고, 잠시 후 결과를 알려준다.

제출 번호	사용자	문제 번호	결과	메모리	시간	사용 언어	코드 길이
14668795	informatics	1001▶	정확한 풀이	33768	21	Python |☑|⬇	14 B

⑤ 이와 같은 방법으로 다른 문제들도 해결해 보도록 한다.

채점 결과 이해하기

[결과]에서 [정확한 풀이]는 프로그램이 올바르게 작성되고 실행되었음을 의미한다. 만약 코드는 작동하지만 문제에서 원하는 결과가 출력되지 않았다면 [잘못된 풀이]를 받게 된다. 이때 [잘못된 풀이]를 클릭하면 무엇이 틀렸는지의 정보를 확인할 수 있다.

제출 번호	사용자	문제 번호	결과	메모리	시간	사용 언어
14668856	informatics	1001	잘못된 풀이(클릭)	33772	22	Python

이외에도 채점 결과로 다양한 피드백을 제공하는데 그 의미는 아래와 같다.

결과	의미
정확한 풀이	제출한 코드가 올바르게 작동한 경우
잘못된 풀이	제출한 코드의 출력 결과가 정답과 다른 경우
표현 에러	출력 결과가 테스트 데이터와 유사하나, 공백이나 빈 줄과 같은 사소한 문제로 인해 출력 결과가 일치하지 않는 경우
시간 초과	제출한 코드가 제한된 시간 이내에 끝나지 않은 경우
메모리 초과	제출한 코드가 제한된 메모리보다 많이 사용한 경우
출력한계 초과	출력이 예상보다 많이 발생한 경우
실행 중 에러	실행 도중에 잘못된 메모리 참조(배열 인덱스 지정 오류), 0으로 나눈 경우 등의 에러가 발생하여 실행 도중에 프로그램이 뜻하지 않게 종료된 경우
컴파일 에러	컴파일러가 제출한 코드를 컴파일하지 못한 경우

3. 문제 검색하기

이 책에 사용된 예제나 문제에는 코드업에 등록된 문제 번호(ID)가 표시된다. 이 문제들을 코드업에서 찾는 방법을 소개한다.

(1) 문제 목록 페이지의 문제 검색란에 문제 번호를 입력하여 찾는 방법

▲ 문제 검색란을 이용하는 방법

(2) 인터넷 주소 입력 창에서 문제 번호를 직접 입력하여 찾는 방법

▲ 웹 브라우저 URL에 직접 입력하는 방법

③ 코드업의 기능과 활용

1. 공통 기능

(1) 모범 소스 기능

일반적으로 온라인 저지에서는 다른 사람의 코드를 볼 수 있는 기능을 제공하지 않는다. 하지만 학습자의 입장에서 문제를 해결하고 나면 다른 사람의 코드가 궁금하기도 하고, 내가 작성한 코드가 올바른 것인지 의문을 갖게 된다.

코드업에서도 역시 다른 사용자의 코드를 볼 수는 없지만, 모범 소스 코드를 제공하여 궁금증의 일부분을 해소해 주고 있다. 모범 소스 코드는 해당 문제를 해결해야만 확인할 수 있으며, 그 문제를 해결하지 못하면 볼 수 없다.

모범 소스 코드는 모든 문제에 있는 것은 아니며, 주로 기초 문제에서만 제공된다. 현재 C/C++ 언어와 Python 3 언어에 대한 모범 소스 코드를 같이 제공한다.

(2) 문제집 기능

전체 문제 목록은 문제 번호 순서로 정렬되어 있으므로 사용자가 프로그래밍의 기본 개념 또는 문제 해결 방법을 확인하며 학습하기에는 다소 어려움이 있다. 이를 보완하기 위해 등록된 문제 중 학습자가 해결하고 싶은 형태의 문제들을 빠르게 선택하여 해결할 수 있게 하는 문제집 기능을 제공한다. 메뉴 중 [내 문제집]은 내가 해결하고 싶은 문제들을 선택해 놓은 일종의 즐겨찾기 기능이다.

코드업은 처음에는 C/C++ 언어를 지원하다가 최근에는 Python을 지원하는 기능이 추가되었다. 따라서 문제/문제집의 설명이 C/C++ 언어를 기본으로 하는 경우가 많지만, Python을 이용하는 데는 큰 문제가 없다.

(3) 그룹 기능

학교나 동아리에서 단체로 코드업을 이용할 때는 별도의 요청을 통해 그룹으로 등록할 수 있다. 그룹 등록 요청은 그룹을 관리하는 담당 정보 교사만이 할 수 있다. 그룹이 등록되고 나면 같은 IP 주소로 접속되는 모든 ID는 해당 그룹으로 자동 편성되어 일일이 그룹을 신청할 필요가 없다. 그룹에 편성되면 로그인 상태에서 화면 오른쪽 위에 그룹명이 표시된다.

▲ 그룹 등록 확인

해당 그룹의 네트워크 구성이 동일하지 않으면 학습자의 그룹 자동 편성이 잘되지 않을 수 있다. 이 경우에는 정보 선생님을 통해 그룹 등록을 신청해야 한다.

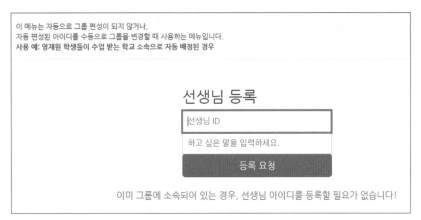

▲ 정보 선생님에 의한 등록 신청 화면

(4) 학교 수업과 개인 강의

학교 수업은 해당 학교 그룹으로 등록된 사용자만 참여할 수 있다. 수업 생성은 해당 그룹을 담당하는 정보 교사만 생성할 수 있다.

수업번호	대상 그룹	수업 명
		수업 목록
		※수업 생성은 교사만 할 수 있습니다. 다른 그룹의 수업은 참
1190	연초고	(파이썬을 위한) 조건문(1-5) [마감]
1189	창원과학고	1학년 2차고사 범위 마지막 [10]
1188	경남과학영재원	11/19 경남과학영재교육원 수업
1187	계남고	TnC 11월 18일

▲ 학교 수업 목록

개인 사용자는 개인 강의를 등록할 수 있다. 단, 강의 내용의 신뢰성을 높이기 위해 500문제 이상을 푼 사용자만 개인 강의를 등록할 수 있다.

강의 번호	제목	생성자
		개인 강의 목록
	※ 개인 강의 게시판입니다. 문제 풀이 및 강의를 생성 할 수 있습니다. 아무나 생성가능하	
강의 생성		
1318	메모이제이션(memoization)	fenne
1215	정렬하는 법 [9]	limth
1095	콘솔게임 만들때 유용한 함수들 [3]	marti
1048	vector의 stl [1]	limth
1046	stl의 편리함 [5]	limth

▲ 개인 강의 목록

(5) 채점 상황과 순위 기능

코드업에서는 여러 사용자의 문제 해결 상황을 실시간으로 보여 주는 채점 상황 기능을 제공한다. 채점 상황은 제출 시간에 따라 오름차순 정렬되는데, 코드업 사용자가 풀고 있는 문제 번호와 채점 결과, 알고리즘 효율성 등을 제시함으로써 학습자 간 선의의 경쟁을 유도한다.

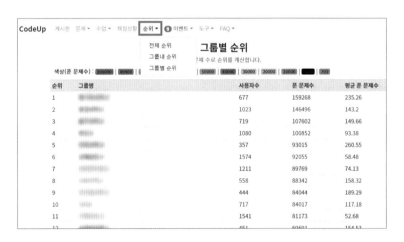

제출 번호	사용자	문제 번호	결과	메모리	시간	사용 언어	코드 길이	제출 시간
15199834		1014	컴파일 에러	0	0	Java	297 B	방금
15199833		1076	정확한 풀이	1120	0	C	145 B	방금
15199832		1018	잘못된 풀이	1120	0	C	140 B	방금
15199831		1015	잘못된 풀이	1120	0	C++	85 B	방금
15199830		1003	정확한 풀이	1120	0	C++	90 B	방금
15199829		1012	정확한 풀이	1120	0	C	96 B	방금
15199828		2745	잘못된 풀이	1124	0	C++	574 B	방금
15199827		4566	정확한 풀이	1120	116	C++	753 B	1분 전
15199826		1015	잘못된 풀이	1120	0	C++	85 B	1분 전
15199825		1076	정확한 풀이	1120	0	C	145 B	1분 전
15199824		1002	정확한 풀이	1120	0	C++	91 B	1분 전
15199823		1030	정확한 풀이	33760	21	Python	24 B	2분 전
15199822		4063	정확한 풀이	5024	0	C++	831 B	2분 전
15199821		1013	정확한 풀이	15068	123	Java	312 B	2분 전
15199820		1012	잘못된 풀이	1120	0	C++	86 B	2분 전
15199819		1029	정확한 풀이	33760	22	Python	35 B	2분 전
15199818		1027	정확한 풀이	1120	0	C	149 B	2분 전
15199817		4079	잘못된 풀이	1120	0	C++	1137 B	3분 전
15199816		1011	정확한 풀이	1120	0	C	95 B	3분 전
15199815		4080	잘못된 풀이	1120	0	C++	1137 B	3분 전

← 이전   최근 ↑   다음 →

또한, 사용자가 해결한 문제의 수에 따른 전체 순위도 확인할 수 있다. 이때, 특정 사용자의 ID를 클릭하면 그 사용자의 학습 통계를 확인할 수 있으므로 학습자 자신은 물론 다른 사용자의 학습 동기까지 높아진다. 마지막으로 그룹별 순위 기능을 통해 그룹(학교 등) 간 순위도 확인할 수 있어서 학교의 명예를 높이기 위한 교사와 학생들의 보이지 않는 경쟁도 치열하다.

순위	그룹명	사용자수	푼 문제수	평균 푼 문제수
1		677	159268	235.26
2		1023	146496	143.2
3		719	107602	149.66
4		1080	100852	93.38
5		357	93015	260.55
6		1574	92055	58.48
7		1211	89769	74.13
8		558	88342	158.32
9		444	84044	189.29
10		717	84017	117.18
11		1541	81173	52.68
12		451	69601	154.52

(6) 이벤트 기능

코드업에서는 대회(contest)를 이벤트라고 칭한다. 이벤트에는 공개/비공개/수행 평가 이벤트가 있다. 공개 이벤트는 사이트 이용자 모두가 참여할 수 있는 대회이고, 비공개 이벤트는 특정 사용자만 미리 지정하여 참여할 수 있는 대회이다. 수행 평가 이벤트는 학교별로 진행되며, 수행 평가 입장 코드를 알고 있는 사용자만 참여할 수 있는 대회이다.

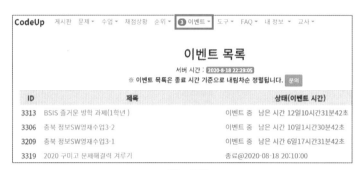

▲ 이벤트 목록

(7) 해외 대회 일정 안내 기능

해외 유명 온라인 저지의 프로그래밍 대회 일정을 안내해 주는 기능이다. 사이트명과 대회명을 링크해서 보여 주며, 한국 시작 시간을 표시해 주고 있어 매우 유용하다.

사이트명	대회명	한국 시작 시간
Leetcode	LeetCode Weekly Contest 15	2017/01/15 11:30:00
AtCoder	AtCoder Beginner Contest 052	2017/01/15 21:00:00
AtCoder	AtCoder Regular Contest 067	2017/01/15 21:00:00
Codeforces	8VC Venture Cup 2017 - Elimination Round	2017/01/16 02:05:00

▲ 해외 대회 일정

(8) 게시판 기능

문제를 해결하는 도중 질문이나 기타 의견이 있을 수 있다. 이럴 때는 게시판에 글을 작성하여 다른 사용자와 의사소통이 가능하다.

[새글 작성]
위치 : 문제 게시판

	문제	제목
☐	2628	이문제 수학적공식이있는건가요? [1]
☐	4867	시간초과 개선법좀…
☐	3130	같은 키의 소에 대해서 [1]
☐	4874	시간 제한을 늘려주세요
☐	4016	python3으로 풀고 있습니다.

▲ 질문 게시판

2. 교사 권한

코드업에는 그룹 학생을 관리하고, 수업을 생성할 수 있는 교사 권한이 있다. 이 교사 권한은 중·고등학교의 정보 교사에게만 부여된다. 자세한 내용은 [FAQ]-[교사 권한 FAQ] 메뉴에 안내되어 있다.

▲ 교사 권한 안내 FAQ

(1) 모범 소스 보기 기능

코드업은 문제 풀이 결과 [정확한 풀이]를 받게 되면 일명 [모범 소스]를 볼 수 있다. [모범 소스]란 많은 사람이 푼 일반적인 방법의 소스 코드이다. 그런데 교사 권한을 갖게 되면 문제를 해결하지 않고도 [모범 소스]를 볼 수 있다. 이는 교사의 수업 준비 시간을 단축하기 위한 용도이다. 하지만 문제를 깊이 있게 이해하기 위해서는 직접 해결해 볼 것을 권장한다.

▲ 모범 소스 코드

(2) 수업 기능

코드업에는 약 1,300여 개의 프로그래밍 문제가 등록되어 있는데, 이 많은 문제를 모두 수업에 활용하는 것은 현실적으로 어렵다. 따라서 교사가 수업에 사용할 문제만 몇 개 선택하여 수업을 진행할 수 있게 수업 게시판이 따로 제공되며, 여기에는 소속 그룹 학생들이 문제를 해결하면 누가 어떤 문제를 해결했는지가 표시된다. 이를 통해 교사는 학생들의 학습 상황을 확인할 수 있고, 어떤 문제에서 어려움을 느끼는지 파악할 수 있다.

문제 ID	문제명	인원	푼 사람 푼 사람명단 리셋	수업 마감하기
1038	[기초-산술연산] 정수 두 개 입력 받아 합 출력하기1	23	trz_21 / kth0320 / junes3 / fruit1005 / ghksdlqhdl / a4a4a455 / lspttyy / abcd4025 / fs2576 / dlaehdrn22 / best00517 / alswo7400 / Seung / kmt1023 / wotj0707 / skdhkdl70286 / dbgurwo235 dnjsqls2ek / wjpark1074 / kang1156 / rudtls0303 / gis1118 / dudgns080500 /	
1039	[기초-산술연산] 정수 두 개 입력 받아 합 출력하기2	22	trz_21 / kth0320 / junes3 / fruit1005 / best00517 / ghksdlqhdl / dbgurwo2356 / Seung / dnjsqls2ek rudtls0303 / kang1156 / skdhkdl70286 / alswo7400 / wjpark1074 / lspttyy / fs2576 / kmt1023 / wotj0707 / dlaehdrn22 / a4a4a455 / abcd4025 / gis1118 /	
1040	[기초-산술연산] 정수 한 개 입력 받아 부호 바꿔 출력하기	22	trz_21 / kth0320 / junes3 / fruit1005 / best00517 / ghksdlqhdl / dbgurwo2356 / Seung / dlaehdrn2 rudtls0303 / lspttyy / wotj0707 / kang1156 / alswo7400 / kmt1023 / dnjsqls2ek / fs2576 / skdhkdl70286 / a4a4a455 / wjpark1074 / abcd4025 / gis1118 /	

▲ 학교 수업 내 문제 해결 상황

수업 게시판의 수업 생성은 교사 권한을 가진 사람만이 할 수 있다. 또한, 소속 그룹의 학생 수준이 공개되는 것을 막기 위해 다른 그룹의 수업 내용은 볼 수 없다.

▲ 수업 생성 회면

(3) 학생 관리 기능

그룹으로 편성된 학생 ID는 교사가 관리할 수 있도록 구성되어 있다. 그룹 학생의 비밀번호 분실 시에도 교사가 직접 비밀번호를 변경해 줄 수 있다.

그룹 사용자 정보 보기 / 변경
열 제목 클릭 시 오름차순으로 정렬됩니다. TextBox에 내용을 쓰고 [C]버튼을 누르면

No.	사용자ID	비번		닉네임		소속		e-mail
1		비번 수	C	수정	C	수정	C	
2		비번 수	C	수정	C	수정	C	
3		비번 수	C	수정	C	수정	C	

▲ 그룹 사용자 관리 화면

(4) 이벤트 기능

이벤트 메뉴를 이용하여 학교 수행 평가를 실시할 수 있다. 수행 평가를 진행하려면 관리자 (admin)에게 이벤트를 요청한다. 수행 평가는 미리 정해 놓은 시간에 자동으로 시작되고 종료된다. 수행 평가 중 순위표를 빔 프로젝트나 전자칠판에 띄워 놓으면 실시간으로 누가 어떤 문제를 해결했는지 확인할 수 있다. 순위표를 이용하면 수행 평가 후 채점도 편리하게 할 수 있다.

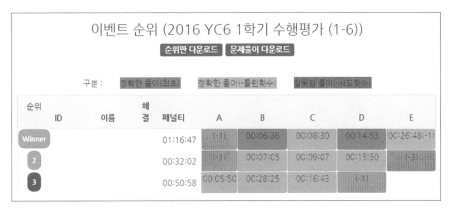

▲ 이벤트 실시간 순위 화면

(5) 부정 행위 차단 기능

수행 평가 시 학생들이 기존에 제출한 소스 코드를 볼 수 없게 하고, 부정 행위의 소지가 있는 기능(게시판 및 쪽지)을 사용하지 못하게 막는 기능이다. 이 기능은 교사가 원 클릭 토글(tog-gle) 방식으로 변경할 수 있고 즉시 적용된다.

▲ 일반 모드

▲ 수행 모드: 소스 보기, 게시판 및 쪽지 기능 차단

이 PART에서는 파이썬의 기초 문법을 학습한다. 이 책은 일반적인 파이썬 학습서와는 달리 온라인 저지(Online Judge)를 활용한 문제 해결에 초점을 두고 있으므로, 문제 해결에 필요한 기초 문법을 온라인 저지를 활용하여 학습할 수 있도록 구성하였다.

PART **1**

파이썬 프로그래밍

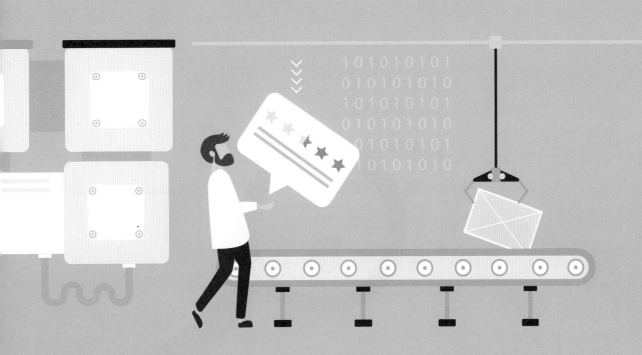

CHAPTER 01

프로그래밍의 개요

프로그램과 프로그래밍이란 무엇일까? 또 알고리즘은 무엇이고, 프로그래밍과는 어떤 관계가 있을까? 프로그램을 작성하고, 실행하려면 어떻게 해야 할까?

이 단원에서는 프로그래밍 언어를 이용하여 소프트웨어를 개발하는 데 필요한 전반적인 절차 및 내용을 다룬다. 프로그램을 작성하고 실행하는 데 필요한 통합 개발 환경을 활용하는 방법을 안내하고, 프로그램 작성 및 알고리즘 설계에 필요한 컴퓨팅 사고력에 대하여 소개한다.

SECTION 1

프로그래밍과 소프트웨어

프로그래밍 학습의 첫걸음은 기본 개념에 대한 정확한 이해로부터 출발한다. 여기에서는 먼저 프로그램, 프로그래밍, 프로그래밍 언어의 개념을 학습하고, 이를 바탕으로 소프트웨어의 의미와 종류에 대해서 학습한다.

1 프로그래밍

1. 프로그램의 역할

기계는 사람이 원하는 작업을 수행하기 위해 동력을 제어하고 관리하는 장치이다.

프로그램은 사람이 원하는 동작을 기계가 수행할 수 있도록 구체적으로 실행 가능한 명령들을 순서대로 작성한 것으로서, 컴퓨터를 동작시킬 수 있는 프로그램을 '컴퓨터 프로그램', 간단히 줄여서 '프로그램'이라고 한다.

어떤 목적을 달성하기 위해 작성한 프로그램(들)과 그 프로그램에서 사용되는 데이터를 모두 일컬어 소프트웨어라고 하며, 이러한 소프트웨어(들)는 컴퓨터 하드웨어를 제어하고 동작시켜 사람이 원하는 작업을 수행하는 핵심적인 역할을 수행한다.

인공지능 소프트웨어

컴퓨터 하드웨어

연산 가능한 GPU 멀티 코어

▲ 바둑 AI의 구현 예

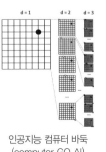
인공지능 컴퓨터 바둑 (computer GO AI)

GPU
그래픽 처리 장치

GO
바둑 게임의 영어 단어

프로그램과 데이터는 그 종류에 따라 서로 다른 모양의 아이콘으로 표시되는 것이 일반적이며, 텍스트 모드에서는 특별한 속성을 나타내는 기호나 색으로 표현되기도 한다.

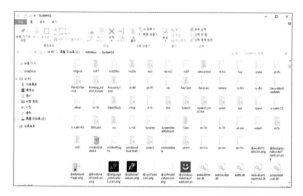 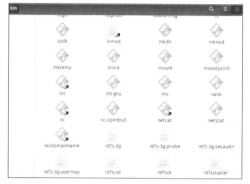

▲ 윈도와 리눅스의 프로그램과 파일들

2. 프로그래밍 언어의 이해

프로그램을 설계하고 실제로 구현하는 작업을 프로그래밍(programming)이라고 하며, 좁게는 프로그램 자체를 개발하는 것부터 넓게는 프로그램을 유지, 보수, 개선하는 범위까지 포함한다.

이때, 프로그램을 개발한다는 것은 결국 컴퓨터가 번역하여 실행할 수 있는 코드(code)를 생성하는 것을 뜻하므로, 좁은 의미에서의 프로그래밍은 코딩(coding)이라고 부를 수 있다.

■ 프로그래밍의 의미

· 좁은 의미: 사람이 원하는 작업을 컴퓨터가 수행할 수 있도록 실행 가능한 명령어들의 순서를 설계 · 작성 · 테스트하는 것(coding)
· 넓은 의미: 좁은 의미에 프로그램이 원하는 작업을 수행하지 못한 경우 오류를 찾는 디버깅, 프로그램 개선, 보완 등의 작업까지 포함하는 것

▲ 프로그래밍 의미의 다양한 범위

3. 프로그래밍 언어의 의미

언어란 다른 사람들과 의사소통하기 위한 말과 글을 뜻하는데, 프로그래밍 언어(program-ming language)는 프로그래밍에 사용되는 언어로 컴퓨터와 대화하기 위한 언어라고 볼 수 있다.

▲ 사람 간의 대화   ▲ 컴퓨터와의 대화

2 소프트웨어

컴퓨터 소프트웨어는 컴퓨터 하드웨어를 이용하여 사람이 원하는 작업들을 수행시키기 위해 만든 프로그램과 데이터들의 집합이다.

1. 소프트웨어의 정의

소프트웨어(software)는 어떤 작업을 수행하기 위해 만든 한 개 이상의 프로그램과 데이터들의 집합으로, 엄밀하게는 프로그램과 다른 개념이지만 혼용하여 사용하기도 한다.

소프트웨어라는 이름은 실제 전기 · 전자 장치로 구성되는 하드웨어와 대조된다는 의미에서 유래하였다. 소프트웨어는 하드웨어와 다르게 필요한 작업을 수행시키기 위

▲ 노트북의 하드웨어 구성

해 마음대로 구성하고 수정·변경이 가능하며, 수행하는 작업의 종류와 성격에 따라 다양한 소프트웨어를 만들 수 있다.

원도(Windows) 10

우분투(ubuntu)

▲ 다양한 소프트웨어(운영 체제)

따라서 다양한 하드웨어를 통해 실행되는 모든 것을 소프트웨어로 생각할 수 있으므로, 여러 가지 운영 체제나 웹 브라우저뿐만 아니라 웹 페이지를 만들고 보여 주는 여러 가지 웹 코드들도 소프트웨어의 일종이라고 할 수 있다.

▲ 다양한 모바일 운영 체제

▲ 다양한 웹 브라우저

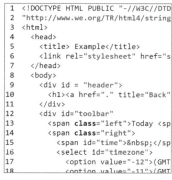

▲ html 코드

▲ 운영 체제에 따라 다른 다양한 앱 스토어

2. 소프트웨어의 종류

소프트웨어는 크게 둘로 나눌 수 있는데 소프트웨어를 통해 해결하려는 문제의 주체가 무엇인지에 따라 시스템 소프트웨어와 응용 소프트웨어로 구분할 수 있다.

(1) 시스템 소프트웨어

시스템 소프트웨어(system software)는 컴퓨팅 시스템의 문제를 해결하기 위한 모든 소프트웨어를 뜻한다. 대표적인 시스템 소프트웨어인 운영 체제(operating system)는 컴퓨터 하드웨어를 관리하고 제어하는 가장 기본적인 시스템 소프트웨어이

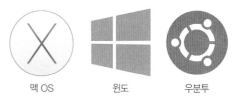

맥 OS   윈도   우분투
▲ 여러 가지 운영 체제를 대표하는 마크

다. 운영 체제는 컴퓨터 하드웨어를 운영하는 데 필요한 각종 장치 드라이버와 시스템 유틸리티 프로그램들을 통해 컴퓨터 시스템의 자원을 관리하고, 응용 소프트웨어들의 실행과 동작을 관리한다.

(2) 응용 소프트웨어

응용 소프트웨어(application software)는 일상생활의 문제를 직접 해결하기 위한 것으로 운영 체제가 설치된 후 추가적으로 설치할 수 있는 소프트웨어를 말하며, 앱(app) 등으로 줄여서 부르기도 한다.

문서 작성, 미디어 편집, 웹 사이트 검색, 데이터 저장 및 처리 등과 그 외 다양한 작업을 위한 응용 소프트웨어들이 있으며, 일반적인 PC뿐만 아니라 각종 스마트 기기의 운영 체제에서 동작하는 전용 앱들도 대부분 응용 소프트웨어이다.

▲ PC 앱 스토어

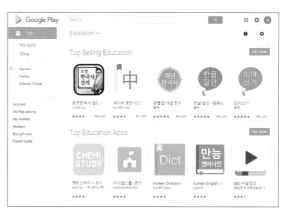

▲ 스마트 기기용 앱 스토어

응용 소프트웨어 중에는 다른 응용 소프트웨어들을 개발하기 위해 사용되는 특별한 소프트웨어들도 있는데, 통합 개발 환경(IDE; Integrated Development Environment 또는 IDLE; Integrated Development and Learning Environment)은 소프트웨어 개발에 사용되는 에디터, 컴파일러 또는 인터프리터, 디버거 등의 집합을 의미한다.

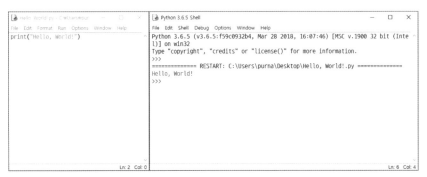

▲ 데스크톱 파이썬 IDE

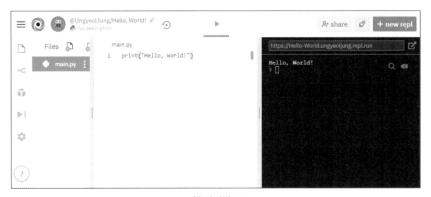

▲ 웹 파이썬 IDE

통합 개발 환경은 운영 체제, 개발할 수 있는 소프트웨어, 개발하는 방법, 사용되는 언어에 따라 선택하여 사용할 수 있도록 다양한 종류가 만들어지고 있다.

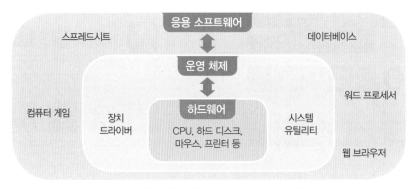

▲ 하드웨어, 운영 체제, 응용 소프트웨어의 관계

01 빈칸에 알맞은 말을 〈보기〉에서 찾아 채우시오.

(   )은(는) 사람이 원하는 동작을 기계가 수행할 수 있도록 구체적으로 실행 가능한 명령들을 순서대로 작성한 것이다.

보기

㉮ 컴퓨터
㉯ 프로그램
㉰ 하드웨어

02 빈칸에 알맞은 말을 〈보기〉에서 찾아 채우시오.

프로그램을 설계하고 실제로 구현하는 작업을 (   )(이)라고 하는데, 컴퓨터가 번역하여 실행할 수 있는 코드(code)를 작성한다고 하여 '코딩(coding)'이라고 부르기도 한다.

보기

㉮ 프로그래밍
㉯ 프로그래밍 언어
㉰ 컴퓨팅

03 빈칸에 알맞은 말을 〈보기〉에서 찾아 채우시오.

(   )은(는) 프로그래밍에 사용되는 언어로 (   )와(과) 대화하기 위한 언어라고 볼 수 있다.

보기

㉮ 컴퓨터
㉯ 프로그래밍
㉰ 프로그래밍 언어

프로그래밍 언어의 종류와 특징

프로그래밍 언어의 종류와 특징은 다양하므로 사용 목적과 프로그래밍 방법에 따라 적절하게 구분하여 선택할 수 있어야 한다. 여기에서는 프로그래밍 언어의 종류와 언어별 특징에 대해서 학습한다.

1 프로그래밍 언어의 종류

1. 프로그래밍 언어의 역사

컴퓨터가 발명되기 이전에도 프로그래밍 언어라고 부를 수 있는 것들이 존재했다. 예를 들면 직물(천) 제조기를 이용하여 직물의 무늬를 원하는 모양으로 만들기 위한 펀치 카드(punch card), 피아노가 자동으로 음악을 연주하도록 건반의 연주 순서를 기록한 종이 롤 등은 소프트웨어와 프로그래밍의 개념과 방법이 사용된 것으로 볼 수 있다.

▲ 직물 제조기와 펀치 카드   ▲ 연주 순서를 기록한 종이 롤과 자동 피아노

전자식 컴퓨터가 발명된 이후에 수많은 프로그래밍 언어가 만들어지고 있으며, 그 결과 프로그래머들은 컴퓨터의 계산이나 동작을 기술하기 위한 명령어(instruction)나 함수(function) 등을 사용하여 편리하게 프로그래밍을 할 수 있게 되었다.

현재까지 많이 알려진 프로그래밍 언어로는 기계어, 어셈블리어, BASIC, C, C++, C#, Java, 파이썬(Python) 등이 있다.

2. 프로그래밍 언어의 분류

프로그래밍 언어는 사용 목적과 프로그래밍 방법에 따라 분류할 수 있는데, 현재의 프로그래밍 언어는 다양한 목적에 따라 사용할 수 있는 편리한 기능들이 포함되어 지속적으로 개선되고 새롭게 개발되고 있다.

수준에 따른 분류	사용 목적에 따른 분류	프로그래밍 방법에 따른 분류
• 저급 언어 • 고급 언어	• 시스템 개발용 언어 • 응용 프로그램 개발용 언어 • 웹 개발용 언어 • 게임 개발용 언어 • 범용 프로그래밍 언어 • 교육용 프로그래밍 언어	• 절차적 프로그래밍 언어 • 객체 지향 프로그래밍 언어 • 이벤트 기반 프로그래밍 언어 • 데이터 흐름형 프로그래밍 언어

▲ 다양한 특성에 따른 프로그래밍 언어의 분류

(1) 수준에 따른 분류

하드웨어에 대한 전문적인 지식이 필요한 저급 언어와 하드웨어에 대한 이해가 부족해도 쉽게 프로그래밍을 할 수 있는 고급 언어로 구분할 수 있다.

■ 저급 언어

기계나 컴퓨터를 통해 바로 실행시키거나 간단히 변환하여 실행시킬 수 있는 프로그래밍 언어로는 기계어(machine code), 어셈블리어(assembly language) 등이 있다.

■ 고급 언어

사람이 이해하고 사용하기 쉬운 형태로 개발된 프로그래밍 언어로서 C, Python, Java 등이 있다. 이러한 고급 언어로 작성된 프로그램을 컴퓨터를 통하여 실행시키려면 번역기를 통해 컴퓨터가 실행할 수 있는 형태의 명령어들로 변환되어야 한다.

(2) 사용 목적에 따른 분류

프로그래밍 언어의 사용 목적에 따라 운영 체제와 같은 시스템 개발용 언어, 앱과 같은 응용 프로그램 개발용 언어, 다양한 목적에 사용할 수 있는 범용 프로그래밍 언어 등으로 분류할 수 있다.

▪ 시스템 개발용 언어

운영 체제와 같은 시스템 소프트웨어를 개발하는 데 주로 사용되는 언어들로, 컴퓨터 하드웨어를 직접 동작시키고 제어할 수 있는 프로그램들을 개발할 때 사용한다. 이 언어들을 사용하려면 운영 체제와 하드웨어에 대한 지식이 필요하며 종류는 C, C++ 등이 있다.

▪ 응용 프로그램 개발용 언어

운영 체제가 설치된 시스템에서 동작하는 앱과 같은 응용 프로그램을 만들기 위해 주로 사용하는 언어이다. 사용자가 원하는 프로그램을 편리하게 만들 수 있으며, 종류는 Visual BASIC, Visual C++, C#, Java, Python 등이 있다.

▪ 웹 개발용 언어

홈페이지와 같은 웹 페이지 작성, 운영, 관리 등을 위해 사용하는 언어로 종류는 HTML, CSS, JavaScript, PHP, ASP, JSP 등이 있다.

▪ 게임 개발용 언어

게임 개발을 위해 편리하게 사용할 수 있는 언어로 게임 설계, 개발, 테스트, 유지 관리 등에 사용된다. 종류는 Unity, ActionScript, BlitzMax, Game Maker, GLBasic 등이 있다.

▪ 범용 프로그래밍 언어

다양한 목적을 위해 여러 가지 형태로 사용할 수 있는 프로그래밍 언어로 종류는 C, C++, C#, Java, Python 등이 있다.

▪ 교육용 프로그래밍 언어

프로그래밍 교육을 위해 개발된 언어로서 스크래치(scratch), 엔트리(entry), 앱 인벤터(app inventor) 등이 있다. 한편, 프로그래밍에 대한 관심이 많아지면서 C 언어나 Python 등의 언어가 교육용으로 활용되고 있다.

(3) 프로그래밍 방법에 따른 분류

프로그래밍 방법에 따라서는 절차적 언어, 객체 지향 언어 등으로 분류할 수 있다.

▪ 절차적 프로그래밍 언어

컴퓨터가 수행할 수 있는 명령어, 함수 등을 이용하여 컴퓨터가 처리해야 할 작업들을 절차적으로 작성하는 방법으로 대부분의 프로그래밍 언어에서 기본적으로 지원된다.

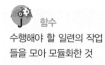

함수
수행해야 할 일련의 작업들을 모아 모듈화한 것

■ 객체 지향 프로그래밍 언어

클래스(class)를 이용하여 객체(object)를 만들고, 그 객체들을 이용하여 편리하게 프로그래밍하는 방법으로 데이터 추상화, 캡슐화, 메시징, 모듈화, 다형성, 상속 등의 특징이 있다. C++, C#, Java 등이 대표적이다.

■ 이벤트 기반 프로그래밍 언어

마우스 클릭, 드래그와 같은 이벤트를 이용하여 프로그래밍하는 방법으로 Visual BASIC, Visual C++, Swift 등이 대표적이다.

■ 데이터 흐름형 프로그래밍 언어

데이터들의 흐름을 나타내는 선들을 연결하여 프로그래밍하는 방법으로 LabVIEW(G)가 대표적이다.

2 프로그래밍 언어의 특징

1. 기계어

기계어는 CPU와 같은 하드웨어를 직접 동작시킬 수 있는 전기 신호를 표현한 저급의 프로그래밍 언어로, 2진 코드 형태의 명령어를 사용한다. 하드웨어에 따라 제어 신호나 명령들이 다르므로 프로그래밍하려는 하드웨어를 자세히 알지 못하면 사용하기 어렵다.

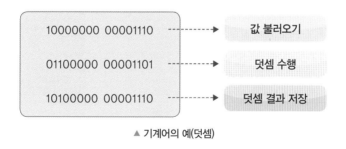

▲ 기계어의 예(덧셈)

2. 어셈블리어

어셈블리어는 기계어와 1:1로 대응되는 언어로 기계어를 보다 쉽게 사용하기 위해 만들어졌다. 어셈블리어로 작성된 프로그램은 어셈블러(assembler)라는 번역 프로그램을 통해 기계어 코드로 변환하여 실행시킨다.

어셈블리어	기계어				
add $t1, t2, $t3	04CB :	0000	0100	1100	1011
addi $t1, t3, $t60	16BC :	0001	0110	1011	1100
and $t3, $t1, $t3	2099 :	0010	0000	1001	1001
andi $t3, $t1, 5	22C5 :	0010	0010	1100	0101
beq $t1, $t2, 4	3444 :	0011	0100	0100	0100
bne $t1, $t2, 4	4444 :	0100	0100	0100	0100
j 0x50	F032 :	1111	0000	0011	0010
1w $t1, 16($s1)	5A50 :	0101	1010	0101	0000
nop	0005 :	0000	0000	0000	0101
nor $t3, $t1, $t2	029E :	0000	0010	1001	1110
or $t3, $t1, $t2	029A :	0000	0010	1001	1010
ori $t3, $t1, 10	62CA :	0110	0010	1100	1010
ss1 $t2, $t1, 2	0455 :	0000	0100	0101	0101
sr1 $t2, $t1, 1	0457 :	0000	0100	0101	0111
sw $t1, 16($t0)	7050 :	0111	0000	0101	0000
sub $t2, $t1, $t0	0214 :	0000	0010	0001	0100

▲ 어셈블리어와 기계어의 변환 관계의 예

어셈블리어의 예
(뺄셈)
```
SUB32 PROC
    CMP   AX,97
    JL    DONE
    CMP   AX,122
    JG    DONE
    SUB   AX,32
DONE: RET
SUB32 ENDP
```

3. 고급 언어

기계어나 어셈블리어와 같은 저급 언어는 하드웨어에 대한 전문적인 지식 없이는 사용하기 힘들지만, C, C++, C#, Java, Python과 같은 고급 언어들은 하드웨어에 대한 전문적인 지식이 없어도 원하는 프로그램을 작성할 수 있다.

대부분의 고급 언어에서는 반복되는 과정이나 모듈화된 작업을 위해 함수, 메서드, 프로시저, 서브루틴 등을 사용하여 프로그래밍을 할 수 있고, 객체 지향 프로그래밍 방법을 지원하는 언어에서는 클래스를 선언하고 이를 이용하여 어떤 작업이나 처리를 수행하는 객체를 만들어 프로그래밍할 수 있다.

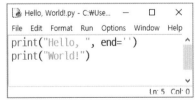

파이썬 함수 활용 예
```
print("Hello, ", end='')
print("World!")
```
▲ 파이썬 함수 활용 예

Python_Class.py
```
class Python:
    def First():
        print("Hello, ", end='')
    def Second():
        print("World~!",)
HW = Python
HW.First()
HW.Second()
```
▲ 파이썬 메서드 활용 예

이벤트 기반 프로그래밍 방법은 객체 지향 프로그래밍 기반 위에 각종 버튼, 텍스트 박스, 마우스 클릭 등과 같은 여러 가지 이벤트를 이용하여 프로그래밍하는 방법으로, GUI(graphic user interface) 운영 체제에서 사용되는 응용 프로그램을 만드는 데 많이 사용된다.

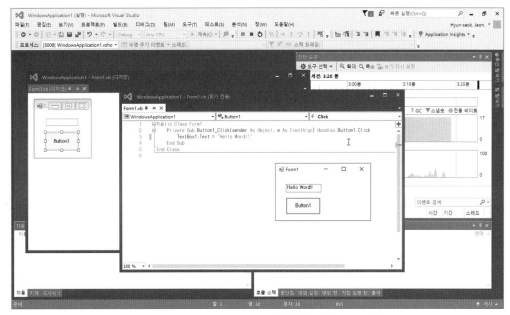

▲ Visual Studio – Visual Basic의 이벤트 기반 프로그래밍

종류	특징
기계어	• 하드웨어에 대한 전문 지식이 필요 • 2진 코드 형태의 명령어 사용 • 하드웨어에 따라 제어 신호나 명령들이 다름
어셈블리어	• 하드웨어에 대한 전문 지식이 필요 • 기계어와 1:1로 대응 • 어셈블러를 통해 기계어 프로그램으로 변환되어 실행
고급 언어	• 하드웨어에 대한 전문 지식이 불필요 • 함수, 메서드, 프로시저, 서브루틴 등 활용 • C, C++, C#, Java, Python, Swift 등

▲ 프로그래밍 언어별 종류와 특징

01 다음에서 설명하는 프로그래밍 언어를 쓰시오.

> 기계어와 1:1로 대응되는 언어로 기계어를 보다 쉽게 사용하기 위해 만들어졌다.

_____

02 다음에서 설명하는 프로그래밍 방법을 〈보기〉에서 고르시오.

> 클래스(class)를 이용하여 객체(object)를 만들고, 그 객체들을 이용하여 편리하게 프로그래밍하는 방법으로 데이터 추상화, 캡슐화, 메시징, 모듈화, 다형성, 상속 등의 특징이 있다. C++, C#, Java 등이 대표적이다.

보기

㉠ 절차적 프로그래밍
㉡ 객체 지향 프로그래밍
㉢ 이벤트 기반 프로그래밍

03 다음에서 설명하는 프로그래밍 언어를 〈보기〉에서 고르시오.

> 홈페이지와 같은 웹 페이지의 작성, 운영, 관리 등을 위해 사용하는 언어로 종류는 HTML, CSS, JavaScript, PHP, ASP, JSP 등이 있다.

보기

㉠ 시스템 개발용 언어
㉡ 게임 개발용 언어
㉢ 웹 개발용 언어

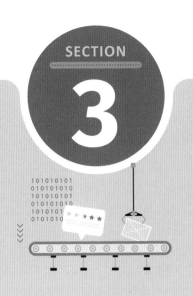

SECTION 3

프로그래밍의 절차와 알고리즘

프로그래밍을 하기 전에 할 일은 알고리즘을 작성하는 것이다. 여기에서는 알고리즘의 의미를 알아보고, 문제를 해결하기 위한 알고리즘을 순서도나 의사코드 등으로 작성하는 방법에 대해서 학습한다.

1 프로그램 개발 과정

프로그램을 개발하기 위한 과정은 '문제 분석 및 설계 → 프로그램 구현 → 프로그램 테스트' 등의 과정으로 진행되는 것이 일반적이다.

1. 문제 분석 및 설계

프로그램을 개발하기 위한 문제 해결과 계획 과정으로, 프로그램의 목적과 조건들을 체계적으로 상세히 분석하고 설계하는 과정이다. 프로그램의 입·출력, 처리 방법 등과 관련한 상세한 분석과 설계가 이루어져야 한다.

2. 프로그램 구현

분석과 설계에 따라 실제 프로그램을 구현하는 과정으로, 프로그램의 입·출력과 처리를 프로그래밍 언어를 이용하여 실제로 구현한다. 만들고자 하는 프로그램의 활용 목적과 프로그램이 운영될 시스템에 따라 적합한 프로그래밍 언어를 선택하는 것이 중요하다.

3. 프로그램 테스트

만든 프로그램이 정확히 동작하는지에 대한 테스트와 수정이 이루어지는 과정으로 프로그램의 정상 동작 여부를 다양한 상황이나 입·출력 데이터들을 이용하여 검증해야 한다.

2 프로그래밍 과정

프로그래밍은 주어진 문제 상황을 파악하고, 문제를 해결할 수 있는 알고리즘을 생각하여 프로그래밍 언어로 작성하는 문제 해결 과정이라고 할 수 있다.

프로그래밍 언어를 활용한 문제 해결 과정은 정확한 결과가 나오는 프로그램이 작성될 때까지 컴파일, 테스트, 디버깅의 작업이 반복되는 과정이다.

01 문제 상황 파악 → **02** 알고리즘 설계 → **03** 소스 코드 작성 ↓ **04** 실행 파일 변환 ← **05** 프로그램 테스트 ← **06** 프로그램 디버깅

▲ 프로그래밍을 통한 문제 해결 과정

3 알고리즘과 표현 방법

1. 알고리즘의 의미

알고리즘(algorithm)은 고대 페르시아 수학자인 알콰리즈미(Al-Khwarizmi)의 이름에서 유래한 말로 어떤 목적을 수행하기 위한 단계적인 절차, 계산 및 처리를 통해 데이터가 다루어지는 구체적인 과정을 의미한다.

알고리즘은 시작 단계에서 입력 내용, 준비 상태부터 수행 과정에서의 구체적인 계산과 처리 과정, 최종 출력 내용까지 명확하고 구체적으로 표현한 것이다.

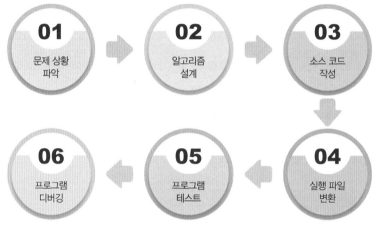

$$48 - \{63 \div (5+4)\} \times 5 = 48 - (63 \div 9) \times 5$$
$$= 48 - 7 \times 5$$
$$= 48 - 35$$
$$= 13$$

① ② ③ ④

▲ 사칙 연산 알고리즘의 예

2. 알고리즘 표현 방법

구체적인 계산이나 처리 과정인 알고리즘을 표현하기 위해 자연어(일반적인 말과 글), 순서도(도형과 화살표), 프로그래밍 언어, 의사코드(자연어와 코드) 등이 주로 사용된다.

▲ 라면 조리 방법(자연어)　　　　　▲ 차 계산(순서도)

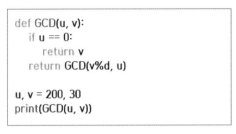

▲ 최대공약수를 구하는 알고리즘
(프로그래밍 언어-파이썬)

```
def GCD(u, v):
    if u == 0:
        return v
    return GCD(v%d, u)

u, v = 200, 30
print(GCD(u, v))
```

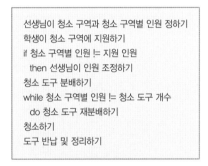

선생님이 청소 구역과 청소 구역별 인원 정하기
학생이 청소 구역에 지원하기
if 청소 구역별 인원 != 지원 인원
　　then 선생님이 인원 조정하기
청소 도구 분배하기
while 청소 구역별 인원 != 청소 도구 개수
　　do 청소 도구 재분배하기
청소하기
도구 반납 및 정리하기

▲ 학급 청소 알고리즘(의사코드)

3. 알고리즘의 조건

일반적으로 알고리즘은 '입력', '출력', '명확성', '유한성', '수행 가능성'의 조건을 만족해야 하는데, 이러한 조건을 만족하는 알고리즘은 기계를 통한 자동화(automation)를 가능하게 한다.

조건	설명
입력	외부에서 입력되는 자료가 0개 이상 존재한다.
출력	적어도 1개 이상의 결과가 출력된다.
명확성	수행 과정이 명확하고, 구체적이어야 한다.
유한성	유한한 시간 내에 수행될 수 있어야 한다.
수행 가능성	알고리즘의 각 단계는 수행 가능해야 한다.

▲ 알고리즘의 조건(규칙)

4. 알고리즘의 역할

알고리즘은 프로그래밍 언어를 사용하여 프로그래밍으로 구현할 수 있다. 효율적으로 설계된 알고리즘은 보다 짧은 시간에 보다 낮은 하드웨어 성능으로 더 많은 작업을 빠르고 정확하게 수행할 수 있는 핵심적인 역할을 한다.

효과적인 알고리즘은 프로그램의 핵심 처리 과정으로 적용되거나 전기 전자 회로로 구현되어 소프트웨어와 하드웨어 모두에 효과적으로 사용될 수 있다.

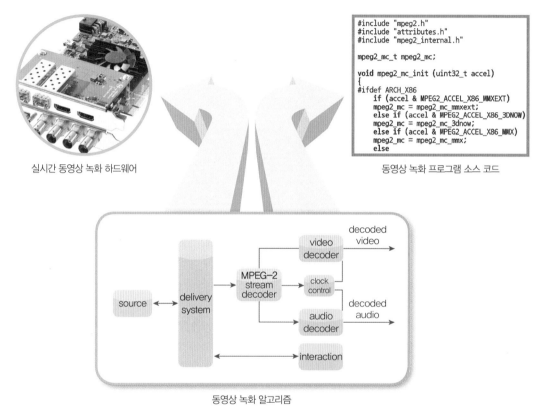

실시간 동영상 녹화 하드웨어

```
#include "mpeg2.h"
#include "attributes.h"
#include "mpeg2_internal.h"

mpeg2_mc_t mpeg2_mc;

void mpeg2_mc_init (uint32_t accel)
{
#ifdef ARCH_X86
    if (accel & MPEG2_ACCEL_X86_MMXEXT)
    mpeg2_mc = mpeg2_mc_mmxext;
    else if (accel & MPEG2_ACCEL_X86_3DNOW)
    mpeg2_mc = mpeg2_mc_3dnow;
    else if (accel & MPEG2_ACCEL_X86_MMX)
    mpeg2_mc = mpeg2_mc_mmx;
    else
```

동영상 녹화 프로그램 소스 코드

동영상 녹화 알고리즘

▲ 동영상 녹화 알고리즘의 하드웨어 및 소프트웨어적 구현

4 순서도를 활용한 알고리즘 표현

순서도는 알고리즘을 구체적으로 표현할 수 있는 가장 간단한 방법 중 하나로서, 특별한 의미를 나타내는 도형들과 처리 순서를 나타내는 흐름선을 사용하여 알고리즘을 표현한다.

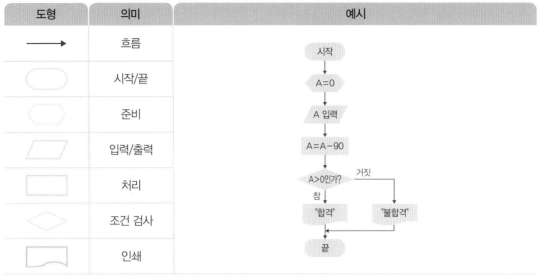

도형	의미	예시
→	흐름	
(시작/끝 모양)	시작/끝	
(준비 모양)	준비	
(입력/출력 모양)	입력/출력	
(처리 모양)	처리	
(조건 검사 모양)	조건 검사	
(인쇄 모양)	인쇄	

▲ 순서도 도형 및 활용 예

1. 알고리즘 작성의 원칙

알고리즘을 작성할 때에는 전체적인 처리 과정을 살펴보기 쉬우면서 다른 사람들이 알아보기 쉽게 명확하고 구체적으로 작성하는 것이 좋다.

2. 알고리즘 작성 방법

알고리즘을 작성하기 위해서는 작업의 수행 과정을 구조화하여 표현해야 한다. 일반적으로 순차, 선택, 반복 구조를 이용하여 알고리즘을 작성하며, 이를 구조적 설계 방법이라고 한다.

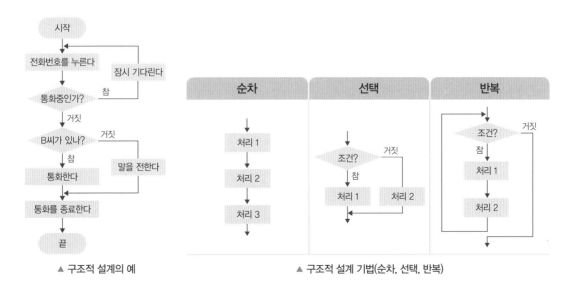

▲ 구조적 설계의 예   ▲ 구조적 설계 기법(순차, 선택, 반복)

알고리즘을 프로그래밍 언어의 형식과 문법을 사용하여 코드 형태로 작성할 수 있는데 이를 '소스 코드'라고 부른다. 작성된 소스 코드는 컴퓨터에서 실행할 수 있는 명령어인 기계어 형태의 프로그램으로 변환하여 실행시킬 수 있다.

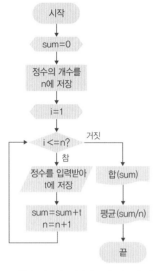

```
print("정수의 개수? ")
n = int(input( ))

sum = 0
for i in range(n):
    print(i+1, "번째 정수?:", end='')
    t = int(input( ))
    sum = sum + t
print("합: ", sum)
print("평균: ", sum/n)
```

▲ 합과 평균을 계산하는 순서도의 예   ▲ 합과 평균을 계산하는 파이썬 소스 코드

5 프로그램의 실행과 디버깅

1. 프로그램의 실행

프로그램을 실행한다는 것은 편집기(editor)를 이용하여 작성한 소스 코드를 통해 컴퓨터를 제어한다는 뜻이다. 이를 위해서는 먼저 소스 코드를 컴퓨터가 실행하기 좋은 형태로 편집 및 번역해야 하는데, 이 과정을 컴파일(compile)이라고 한다.

컴파일러는 미리 정해져 있는 변환 방법과 참조 자료를 이용하여 바이트 단위의 이진 코드(binary code)를 생성하는데, 이러한 과정은 외국어로 된 자료를 한글로 해석하기 위해 여러 가지 사전과 자료들을 참고하는 과정과 비슷하다. 이렇게 생성된 이진 코드는 컴퓨터에 전달되고 실행된다.

이때 C/C++ 언어처럼 소스 코드 전체를 한꺼번에 번역한 후 실행하는 컴파일 언어도 있지만, Pyhton과 같이 한 줄씩 번역하고 바로 실행하는 과정을 반복하는 방식의 프로그래밍 언어도 있다. 이러한 언어를 보통 인터프리트 언어 또는 스크립트 언어라고 한다. 인터프리트 언어는 컴파일 언어와는 달리 별도의 실행 프로그램을 생성하지 않는다는 특징을 가진다.

고급 언어로 작성된 소스 코드를 컴퓨터가 실행할 수 있는 이진 코드로 번역해 주는 컴파일러와 인터프리터가 만들어지면서 사람들은 하드웨어에 대한 깊은 지식이나 이해 없이도 원하는 프로그램을 쉽게 만들고 실행할 수 있게 되었다.

	컴파일 언어	인터프리트/스크립트 언어
특징	프로그램 전체를 한꺼번에 번역한 후 사용자의 요청에 의해 실행(목적 프로그램을 생성함)	프로그램을 한 줄씩 번역하고 바로 실행(목적 프로그램을 생성하지 않음)
장점	실행 속도가 빠름	번역 속도가 빠르며 디버깅이 쉬움
단점	프로그램의 일부를 수정하더라도 전체를 다시 번역해야 함(번역 속도가 느림)	실행 속도가 느리며, 반복문이 많은 경우 번역 속도도 느려짐
언어	C, FORTRAN, Pascal, COBOL 등	Python, Java, 스크래치 등

▲ 컴파일러 언어와 인터프리트/스크립트 언어 비교

2. 디버깅

프로그램을 작성하는 과정에서 프로그래밍 언어의 규칙이나 문법에 맞지 않아 프로그램으로 변환되지 못하는 경우가 발생할 수 있고, 미처 생각하지 못한 부분에서 오류가 발생하여 프로그램이 정확하게 동작하지 않는 경우가 발생할 수 있다.

이런 경우에는 디버거(debugger) 프로그램이 번역되지 않는 오류를 분석해 알려 주고 오류를 수정할 수 있도록 내용들을 알려 주는데, 이렇게 프로그램의 오류를 찾아내고 수정하는 과정을 디버깅(debugging)이라고 한다.

(1) 버그와 디버그

작성한 소스 코드가 컴파일되지 않거나 실행 결과에 오류가 있는 경우 "버그(오류)가 있다."라고 말하고, 오류를 찾아내어 제거하는 것을 '디버그(debug)'라고 한다.

디버거 프로그램은 프로그램의 실행 과정과 저장되어 있는 데이터의 변화 과정을 보여 주는 등의 기능을 제공하여 프로그래밍 과정에서 발생할 수 있는 오류를 편리하게 확인하고 수정할 수 있게 도와준다.

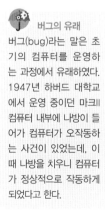

버그의 유래

버그(bug)라는 말은 초기의 컴퓨터를 운영하는 과정에서 유래하였다. 1947년 하버드 대학교에서 운영 중이던 마크II 컴퓨터 내부에 나방이 들어가 컴퓨터가 오작동하는 사건이 있었는데, 이때 나방을 치우니 컴퓨터가 정상적으로 작동하게 되었다고 한다.

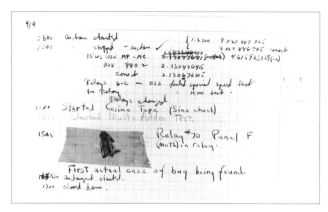

▲ 최초의 컴퓨터 버그 기록과 사진

(2) 버그의 종류

■ 문법적 오류

문법적 오류(syntax error)는 작성된 소스 코드를 컴파일러가 해석하여 변환하지 못해 발생하는 오류이다.

문법적 오류가 있는 소스 코드는 실행 파일로 변환되지 못하는데, 대부분의 문법적 오류는 영문 대·소문자를 다 틀리게 작성하거나 특별한 의미를 나타내는 기호들을 정확하게 사용하지 않아서 발생한다.

▲ 정확한 소스 코드

▲ 문법적 오류가 있는 소스 코드

■ 논리적 오류

논리적 오류(logical error)는 알고리즘이 정확하지 않아 발생하는 오류이다. 논리적 오류가 있는 소스 코드는 컴파일러에 의해 실행 가능한 프로그램으로 변환되지만, 잘못된 결과가 출력될 수 있다.

논리적 오류가 있는 소스 코드는 실행 과정에서 예상하지 못한 결과를 출력하거나 잘못된 계산을 수행하는데, 논리적 오류를 방지하려면 다양한 경우에서의 오류 발생 가능성에 대해 분석하고 생각해야 한다.

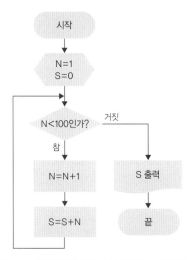

시작

N=1
S=0

N<100인가?   거짓

참

N=N+1   S 출력

S=S+N   끝

▲ 버그가 있어서 1~100까지의 정수 합을 정확히 계산하지 못하는 순서도

■ 성능 오류

성능 오류(performance error)는 문법적으로나 논리적으로는 완벽한 프로그램이지만 제한된 시간이나 공간 내에서 문제를 해결하지 못해 발생하는 오류이다.

문법적 오류와 논리적 오류가 없음에도 불구하고 성능 오류가 발생하는 이유는 프로그램을 통해 처리해야 하는 데이터의 양이나 연산의 수에 비해 알고리즘의 효율이 낮기 때문이다. 이로 인해 허용 가능한 시간이나 메모리 내에서 프로그램의 처리가 종료되지 않기 때문에 성능 오류가 발생한다. 따라서 프로그래머는 문제 해결을 위해 더 좋은 알고리즘은 없는지 분석해야 한다. 참고로 코드업을 비롯한 대부분의 온라인 저지의 제한 시간은 1초이다.

MEMO

01 다음 빈칸에 알맞은 말을 〈보기〉에서 찾아 채우시오.

( )은(는) 고대 페르시아 수학자인 ( )
에서 유래한 말로 어떤 목적을 수행하기 위한 ( ),
계산 및 처리를 통해 데이터가 다루어지는 구체적인 과정을
의미한다.

보기
㉮ 알콰리즈미
㉯ 알고리즘
㉰ 단계적인 절차

02 다음에서 설명하는 알고리즘 표현 방법을 〈보기〉에서 고르시오.

알고리즘을 구체적으로 표현할 수 있는 가장 간단한 방법
중 하나로서 특별한 의미를 나타내는 도형들과 처리 순서를
나타내는 흐름선을 사용하여 알고리즘을 표현하는 방법이다.

보기
㉮ 프로그래밍 언어
㉯ 의사코드
㉰ 순서도

03 다음 순서도의 실행 과정의 결과를 쓰시오.

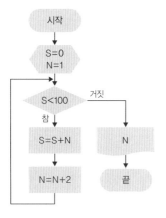

(1) 아래 표에 실행 과정에 따른 값을 채우시오.

S	0						
N	1						

(2) 출력되는 값을 쓰시오.

04 다음 빈칸에 알맞은 말을 〈보기〉에서 찾아 채우시오.

알고리즘을 프로그래밍 언어의 형식과 문법을 사용하여 코드 형태로 작성할 수 있는데 이를 (①   )라고 부른다.

작성한 (①   )는 컴퓨터에서 실행할 수 있는 명령어인 이진 코드로 번역되어야 실행할 수 있다.

이때 번역을 담당하는 소프트웨어 중 한번에 전체를 번역하는 (②   )와 줄 단위로 번역하여 실행하는 (③   )가 있다.

보기

㉮ 인터프리터
㉯ 컴파일러
㉰ 소스 코드

05 〈보기〉에 제시된 프로그래밍 절차를 순서에 맞춰 나열하시오.

보기

㉮ 프로그램 테스트
㉯ 문제 분석 및 설계
㉰ 프로그램 구현

통합 개발 환경

프로그램을 작성하기 위한 소프트웨어는 다양한 기능을 통합적으로 제공한다. 사용자는 통합 개발 환경의 종류와 특성을 이해하고 적절한 것을 선택하여 활용할 수 있어야 한다. 여기에서는 통합 개발 환경의 의미와 사용법을 학습한다.

1 통합 개발 환경의 개념

1. 통합 개발 환경의 개념

통합 개발 환경(IDE)은 프로그램 소스 코드의 작성, 컴파일, 디버깅에 필요한 에디터, 인터프리터, 디버거 등의 프로그램들이 모두 함께 제공되는 소프트웨어이다.

에디터(editor, 텍스트 편집기)는 소스 코드를 작성, 편집, 수정하는 편집기로서 프로그래밍 언어의 문법이나 형식에 따라 글자색을 바꾸어 보여 주거나 구조를 나타내 준다.

> 통합 개발 환경
> (IDE, Integrated Development Environment)
> 프로그래밍 언어의 성격에 따라 통합 개발 환경의 구성 요소가 다를 수 있다. 본 교재는 Python 3.x IDE를 기본으로 통합 개발 환경의 정의 및 구성 요소를 설명하고 있다.

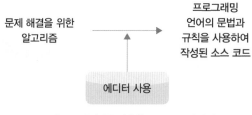

문제 해결을 위한
알고리즘 → 프로그래밍
언어의 문법과
규칙을 사용하여
작성된 소스 코드

에디터 사용

▲ 텍스트 편집기를 사용한 소스 코드의 작성

컴파일러(compiler)나 인터프리터(interpreter)는 에디터로 작성한 소스 코드를 컴퓨터가 실행할 수 있는 기계어 형태의 명령어들로 변환해 준다.

인터프리터가 해석하다가 변환할 수 없는 문법적 오류가 발생하면 해당 오류에 대한 정보를 출력하여 수정할 수 있게 해 주고 오류가 없으면 바로 실행한다.

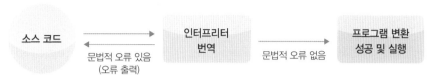

▲ 인터프리터의 프로그램 변환과 오류 처리

디버거는 프로그램의 실행을 단계적으로 실행시킬 수 있게 하면서 데이터의 변화를 추적할 수 있는 기능 등을 제공하며, 프로그래밍 과정에서 발생하는 오류들을 보다 쉽게 찾아내 해결할 수 있게 도와준다.

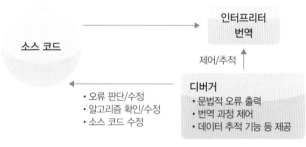

▲ 디버거의 제어/추적 기능

2. 통합 개발 환경의 동작

통합 개발 환경에서는 프로그램 개발을 위한 에디터, 인터프리터, 디버거 등이 유기적으로 동작한다. 이처럼 통합 개발 환경은 프로그래밍에 필요한 여러 가지 기능과 정보들이 함께 제공되는 프로그램 개발 소프트웨어로서 프로그래밍을 보다 쉽게 할 수 있도록 도와준다.

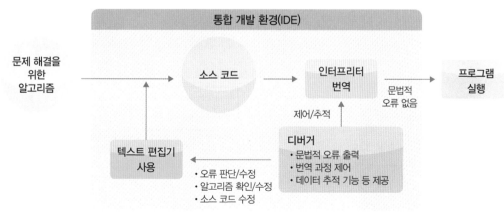

▲ 편집기, 인터프리터, 디버거의 유기적 작동 과정

② 통합 개발 환경의 종류

파이썬의 통합 개발 환경 중 가장 기본이 되는 것은 Python IDLE이다. 따라서 파이썬은 프로그래밍 언어이자, 그 자체가 통합 개발 환경을 뜻하기도 한다. 이때, IDLE는 일반적으로 통합 개발 환경을 뜻하는 IDE와 학습을 뜻하는 Learning을 포함한 것으로 "Integrated Development and Learning Environment"의 약자이다.

파이썬은 현재 개발 회사나 운영 체제에 따라 다양한 통합 개발 환경들이 제공되므로, 각자 프로그램이 실행될 운영 체제나 시스템을 고려하고 개인적 편리성이나 사용 목적에 따라 자유롭게 선택하여 사용하도록 한다.

무료로 사용할 수 있는 통합 개발 환경은 다음과 같다.

1. Python IDLE

Python IDLE는 윈도, 리눅스/유닉스, 맥 운영 체제에서 모두 사용할 수 있는 크로스 플랫폼 오픈 소스 통합 개발 환경이다. 파이썬으로 개발되었으며, 기본적인 통합 개발 환경의 기능만을 제공하므로 주로 테스트 및 학습용으로 사용한다. 파이썬 소프트웨어 재단(Python Software Foundation)에서 직접 개발 및 배포하므로 지속적인 업데이트가 이루어지고 있다.

(1) 프로그램 다운로드 및 설치

① 'https://www.python.org/' 사이트에 접속하여 [Python]-[Downloads] 메뉴를 선택하고, 운영 체제를 선택한 후 [Python 3.x]를 선택한다.

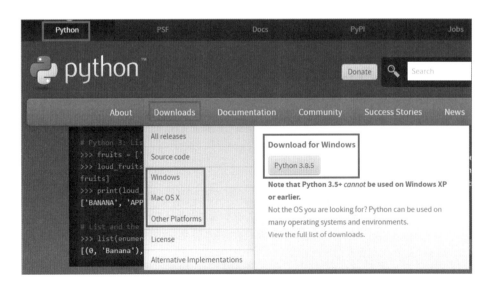

② 내려받은 파일을 실행하여 파이 썬 IDLE를 설치한다. 이때, [Add Python 3.x to PATH]를 선택한 후 [Install Now]를 눌러 설치하고, 환경 변수를 등록한다. 환경 변수를 등록하면 명령 프롬프트에서 파이썬 을 편리하게 사용할 수 있다.

③ 설치가 완료된 후 [Disable path length limit]를 클릭하여 불필요한 오류를 예방한다.

(2) 프로그램 작성 및 실행

① IDLE(Python 3.x) 를 실행하면 파이썬 쉘 (shell)이 열리며, 줄 단 위의 프로그래밍이 가 능하다. 아래와 같이 입 력하고 실행 결과를 확 인한다.

```
Python 3.8.5 (tags/v3.8.5:580fbb0, Jul 20 2020, 15:43:08) [MSC v.1926 32 bit (In
tel)] on win32
Type "help", "copyright", "credits" or "license()" for more information.
>>> print("Hello World!")
Hello World!
>>> a=1
>>> b=2
>>> c=a+b
>>> print(c)
3
```

환경 변수 등록(Add Python 3.x to PATH)을 하였다면, 운영 체제의 명령 프롬프트를 열고 python을 입력 및 실행 한 후에도 동일한 작업 이 가능하다.

```
명령 프롬프트 - python
Microsoft Windows [Version 10.0.19041.450]
(c) 2020 Microsoft Corporation. All rights reserved.

C:\Users\purna>python
Python 3.8.5 (tags/v3.8.5:580fbb0, Jul 20 2020, 15:43:08) [MSC v.1926 32 bit (Intel)] on win32
Type "help", "copyright", "credits" or "license" for more information.
>>> print("Hello World!")
Hello World!
>>> a=1
>>> b=2
>>> c=a+b
>>> print(c)
3
```

② [File]−[New File]을
  선택하여 파이썬 에디
  터를 실행한다.

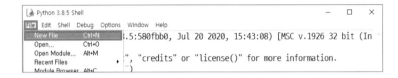

③ 에디터에서 오른쪽과 같
  이 작성하고, [Run]−
  [Run Module(F5)]를
  선택하여 저장 후 실행한다.

④ 위 프로그램을 실행한
  결과는 오른쪽과 같다.

2. Wing 101

　Wing은 다양한 운영 체제에서 사용 가능한 크로스 플랫폼 IDE이다. Wing Pro와 Personal
은 유료이지만, Wing 101은 초보자 및 학습용으로 무료로 사용할 수 있다. Winware에서 개
발하였고, 프로그램이 간단하고 편리하다는 장점을 가진다.

(1) 프로그램 다운로드 및 설치

① 'https://wingware.com/' 사이트에 접속하여 [Downloads]−[Wing 101] 메뉴를 선택하
  고, 내가 사용하는 컴퓨터의 운영 체제를 선택한 후 [Download Wing 101:]을 클릭하여 프
  로그램을 다운로드한다.

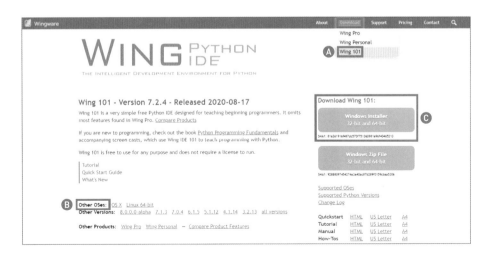

② 내려받은 파일을 실행하여 Wing 101 IDE를 설치한 후 실행한다.

(2) 프로그램 작성 및 실행

에디터에 다음과 같이 프로그램을 작성하고 실행(Ⓐ) 버튼을 선택하여 저장 및 실행한다. 실행 결과는 파이썬 셸(Ⓑ)에서 확인할 수 있다.

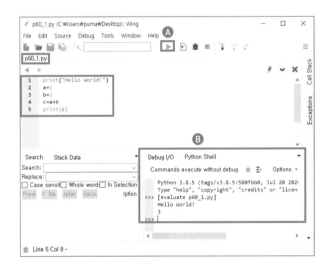

3. PyCharm

PyCharm은 다양한 운영 체제에서 사용 가능한 크로스 플랫폼 IDE이며, 커뮤니티(Com-munity) 버전은 오픈 소스 소프트웨어이다. JetBrains에서 개발하였으며, 코드 자동 완성 기능을 비롯한 여러 기능을 제공하고 있어 편리하게 사용할 수 있다. 간단한 테스트 또는 학습용을 넘어 다양한 패키지 및 과학 도구를 제공하는 다목적 IDE이다.

(1) 프로그램 다운로드 및 설치

① 'https://www.jetbrains.com/ko-kr/pycharm/' 사이트에 접속하여 [다운로드] 메뉴를 선택하고, 'Community' 버전을 다운로드한다.

② 내려받은 파일을 실행하여 파이썬 IDLE를 설치한다. 편의에 따라 설치 옵션(Installation Options)을 결정하되 초보자의 경우, 전부 선택할 것을 권한다. 프로그램을 설치한 후 컴퓨터의 재시작(Rebooting)이 필요하다.

'Update PATH variable'과 'Create Associations'은 반드시 체크한다.

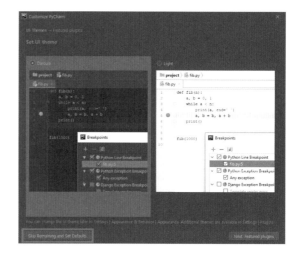

③ 설치가 완료되면 'PyCharm Community Edition'을 선택하여 실행한다. 처음 실행하면 테마를 선택할 수 있으며, 'Skip Remaining and Set Defaults'를 선택하면 기본 설정이 가능하다.

(2) 프로그램 작성 및 실행

① PyCharm을 실행한 후 [New
   Project]를 선택한다.

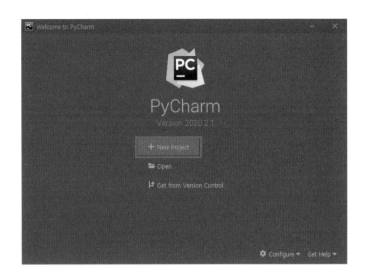

② 프로젝트 옵션 창에서 저장 위
   치(Ⓐ), 인터프리터 설정(Ⓑ),
   빈 파일 옵션(Ⓒ)을 오른쪽과
   같이 설정한다.

③ 프로젝트 이름을 마우스 오른
   쪽 버튼으로 누르면 나오는
   메뉴에서 [New] – [Python
   File]을 선택하고, 파일명을
   입력한다.

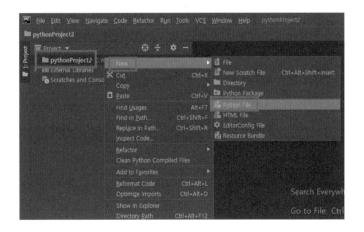

④ 아래와 같이 프로그램을 작성하고, [Run] 메뉴에서 프로그램을 실행한다.

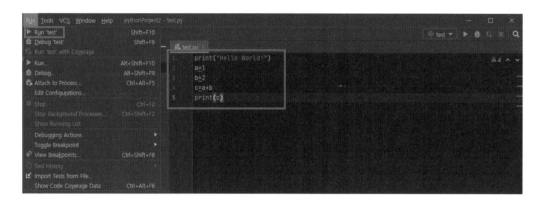

⑤ 실행 결과를 확인한다.

MEMO

파이썬 통합 개발 환경 Top 12

파이썬(Python)이 실생활 문제 해결을 비롯하여 웹 개발, 소프트웨어 개발, 수학 및 과학, 스크립팅 및 인공지능 분야에 두루 사용됨에 따라 다양한 통합 개발 환경(IDE)이 개발 및 배포되어 사용되고 있다.

소프트웨어 테스팅 전문 포털 사이트인 SoftwareTestingHelp는 소프트웨어 개발자의 사용 경험 및 IDE 자체의 특성을 분석하여 파이썬 IDE Top 12를 발표하였다. 그 중 앞서 소개한 Py-Charm(1위), Python Idle(4위), Wing(5위)이 포함된 것을 확인할 수 있으며, 나머지 IDE는 해당 사이트에서 확인할 수 있다.

IDE	User Rating	Size in MB	Developed in
PyCharm	4.5/5	BIG	JAVA, PYTHON
Spyder	May 4, 2018	BIG	PYTHON
PyDev	4.6/5	MEDIUM	JAVA, PYTHON
Idle	4.2/5	MEDIUM	PYTHON
Wing	May 4, 2018	BIG	C, C++, PYTHON

〈출처〉 https://www.softwaretestinghelp.com/python-ide-code-editors/

많은 사람들이 사용하는 IDE의 공통적인 특징은 다양한 운영 체제와 호환되는 크로스 플랫폼 기능을 지원하고, 자동 완성 기능 등의 편리한 에디터를 보유하며, 수학 및 과학 관련 다양한 라이브러리를 포함하고 있다는 점이다. 그러나 기능이 많을수록 프로그램의 크기가 크고 유료인 경우가 많으므로, 전문가들은 자신의 수준 및 프로그래밍 목적에 맞게 적절한 IDE를 선택하여 활용할 것을 권장한다.

01 다음 빈칸에 알맞은 말을 〈보기〉에서 찾아 순서대로 채우시오.

( )를 사용하면 소스 코드를 작성, 편집, 수정할 수 있으며 프로그래밍 언어의 문법이나 형식에 맞게 글자의 색이나 구조를 알아보기 쉽게 나타내 준다.

( )는 프로그램을 단계적으로 제어하면서 실행시킬 수 있게 하고 데이터의 변화를 추적할 수 있는 기능을 제공함으로써, 논리적 오류를 보다 쉽게 찾아내고 해결할 수 있게 도와준다.

보기

㉮ 디버거
㉯ 에디터
㉰ 인터프리터

02 다음은 무엇을 설명하는 것인지 쓰시오.

프로그래밍에 필요한 에디터, 인터프리터, 디버거 등의 프로그램들이 함께 제공되는 개발 환경이다.

_____

03 다음에서 설명하는 소프트웨어의 특징이 무엇인지 쓰시오.

특정 운영 체제에 종속되지 않고, 다양한 운영 체제와 호환되어 설치 및 실행이 가능하다.

_____

컴퓨팅 사고와 문제 해결

여기에서는 컴퓨팅 사고의 의미를 알고, 문제를 효율적으로 해결할 수 있도록 컴퓨팅 사고를 향상시킬 수 있는 방법에 대해서 알아본다.

1 컴퓨팅 사고

1. 컴퓨팅 사고의 개념

컴퓨팅 사고력(CT; Computational Thinking) 또는 컴퓨팅 사고란 컴퓨터과학의 기본 개념과 원리 및 컴퓨팅 시스템을 활용하여 실생활과 다양한 학문 분야의 문제를 이해하고, 창의적으로 해법을 구현하여 적용할 수 있는 능력을 뜻한다. 간단하게 말해 '컴퓨터에 의한 생각', '컴퓨터를 이용할 때 하게 되는 생각', '컴퓨터과학자처럼 생각하기' 등으로 의역할 수 있다.

따라서 컴퓨팅 사고력이란 보다 효율적인 문제 해결을 위해 컴퓨터를 활용하는 역량이라고 볼 수 있다.

컴퓨팅 사고력은 'Computational Thinking'을 우리말로 표기한 것으로, 국문 표기 방법이 합의되기 이전에는 계산적 사고, 정보과학적 사고, 컴퓨터적 사고 등 학자마다 다르게 번역하여 사용하였다. 그러나 2014년 국립국어원의 의견에 따라 현재는 컴퓨팅 사고력이라는 용어로 통일하여 사용되고 있다.

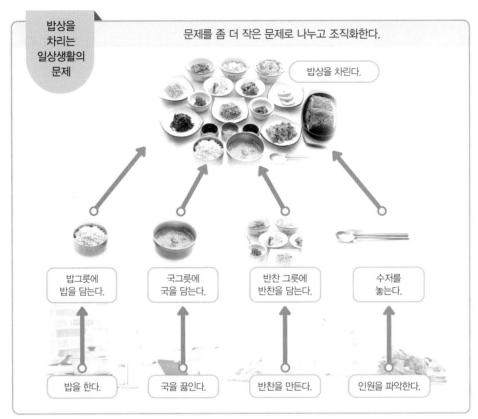

▲ 컴퓨팅 사고력을 적용하여 밥상을 차리는 문제

2. 추상화와 자동화

컴퓨팅 사고를 통해 효율적으로 문제를 해결하는 과정은 크게 추상화와 자동화처럼 두 가지로 나눌 수 있나.

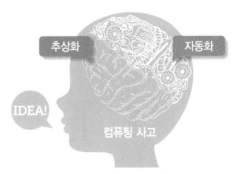

▲ 추상화와 자동화

(1) 추상화

첫 번째 과정은 문제의 복잡성을 제거하고 문제 해결에 필요한 핵심적인 요소를 추출하며, 추출한 요소를 바탕으로 문제 해결의 절차를 설계하는 '추상화(abstraction)'이다. 따라서 추상화는 문제를 정의하고 이해하는 과정과 이에 따라 효율적인 문제 해결 방법인 알고리즘을 설계하는 과정이라고 할 수 있다.

(2) 자동화

두 번째 과정은 추상화를 통해 설계한 알고리즘을 구현함으로써 실제로 문제를 해결하는 '자동화(automation)'이다. 물론 알고리즘이 간단하거나 매우 효율적이라면 사람이 수행할 수도 있다. 그러나 알고리즘이 복잡하거나 동일한 알고리즘을 여러 번 반복해서 수행해야 한다면 사람보다 뛰어난 계산 능력을 가진 컴퓨터 또는 컴퓨팅 시스템을 활용하는 것이 효율적이다. 따라서 자동화에는 문제 해결 방법인 알고리즘을 구현하는 프로그래밍 과정과 알고리즘 구현 결과인 프로그램 실행 결과를 분석하고 평가하는 과정이 포함된다.

이때, 중요한 것은 문제를 얼마나 효율적으로 해결하는가이다. 컴퓨터과학자처럼 컴퓨터과학의 기초 개념 및 컴퓨팅 시스템을 활용하여 문제를 해결한다는 것은 문제를 보다 신속하고 정확하게 해결한다는 것을 뜻하기 때문이다. 따라서 알고리즘을 설계하고 구현할 때는 언제나 효율을 분석하고 비교해야 한다. 이때 효율이란 알고리즘을 수행하기 위한 수행 시간이며, 일반적으로 알고리즘 속에 포함된 문제 해결 절차의 수로 나타낼 수 있다.

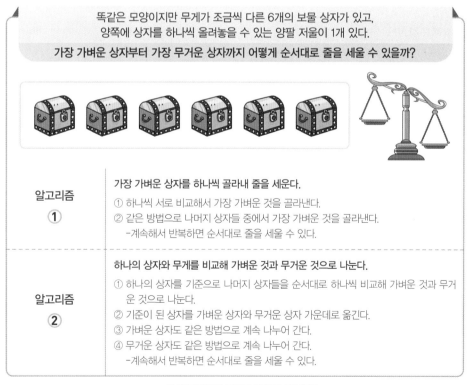

▲ 두 알고리즘의 효율은 같을까, 다를까?

3. 컴퓨팅 사고의 구성 요소

일반적으로 문제를 해결하는 과정은 '문제 이해하기 → 문제 해결 방법 만들기 → 문제 해결 방법 적용하기→ 결과 분석하기'로 나타낼 수 있다. 따라서 컴퓨팅 사고를 문제 해결 과정에 적용하기 위한 구체적인 기법 또는 전략이 존재하며, 이것을 컴퓨팅 사고의 구성 요소라고 할 수 있다.

▲ 문제 해결 과정

먼저 '문제 분석', '핵심 요소 추출', '문제 분해' 및 '모델링'은 문제를 이해하기 위해 사용하는 전략이고, '알고리즘'은 문제 해결 방법을 설계하기 위한 과정이다. 또한, '프로그래밍'과 '병렬화'는 문제 해결 방법을 구현하기 위해 필요한 요소이며, '시뮬레이션'은 수행 결과를 분석하고 평가하는 과정이라고 할 수 있다. '자료 수집', '자료 분석' 및 '자료 표현'은 문제를 정의하거나 이해하는 과정을 돕기 위한 세부 전략으로 활용할 수 있으나, 경우에 따라 문제 해결의 전 과정에서 융통성 있게 적용할 수 있다.

문제 해결 과정		문제 해결 요소	
1. 문제 이해하기 2. 문제 해결 방법 만들기	추상화	문제 분석, 핵심 요소 추출, 문제 분해, 모델링, 알고리즘	자료 수집 자료 분석 자료 표현
3. 문제 해결 방법 적용하기 4. 결과 분석하기	자동화	프로그래밍, 병렬화, 시뮬레이션	

4. 컴퓨팅 사고의 필요성

컴퓨팅 사고가 중요한 이유는 우리 삶에서 만나는 많은 문제들이 점점 복잡해지고 있기 때문이다. 여기서 복잡한 문제라는 것은 어려운 문제와는 다른 의미로서, 여러 번의 절차를 거쳐서 해결해야 하는 문제를 말한다. 복잡한 문제를 해결하기 위한 방법과 절차는 매우 다양하며, 다양한 방법과 절차들 간에 효율의 차이가 존재한다.

따라서 복잡한 문제를 정확하게 분석하고 적절하게 분해한 후 알고리즘을 설계하면 보다 효율적으로 해결할 수 있다. 또한 이렇게 설계된 알고리즘은 프로그래밍을 이용하여 컴퓨터가 수행할 수 있도록 구현할 수 있으며, 이를 통해 사람이 수행하는 것과는 비교가 안 될 정도로 빠르고 정확한 계산이 가능해진다.

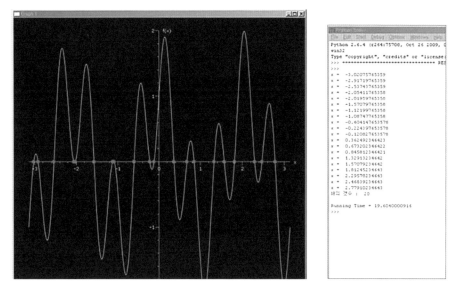

▲ 20차 방정식의 해를 계산하는 프로그램의 실행 결과

마치 컴퓨터과학자가 그러하듯이 복잡한 문제를 효율적으로 해결하기 위한 알고리즘을 설계하고 구현하기 위해 필요한 절차적 사고 능력, 그것이 바로 컴퓨팅 사고이다. 그리고 컴퓨팅 사고를 기르기 위해 가장 좋은 방법이 바로 프로그래밍, 코딩을 바탕으로 하는 알고리즘 설계와 문제 해결이다.

2 효율적인 알고리즘 설계

■ 1부터 n까지의 합 구하기

1부터 n까지의 합을 구하려면 다음과 같은 식을 이용한다고 수학 시간에 배운 적이 있을 것이다. 그러면 프로그래밍으로는 어떻게 이 문제를 해결할까?

$$\frac{n(n+1)}{2}$$

프로그래밍을 이용하면 위의 식을 이용하는 것보다 더 다양한 방법으로 답을 구할 수 있다. 컴퓨터는 아무리 복잡한 연산이라도 빠르고 정확하게 처리할 수 있기 때문이다. 다만, 컴퓨터의 연산 능력을 이용하여 계산 문제를 해결할 때는 알고리즘을 어떻게 설계하느냐에 따라서 효율이 달라진다.

다음 두 개의 알고리즘은 1부터 n까지의 합을 구하는 서로 다른 방법을 보여 준다.

 **알고리즘 1**

① $S \leftarrow 0, i \leftarrow 1$

② $S \leftarrow S + i$

③ 만약 $i < n$ 이면 $i \leftarrow i + 1$ 수행한 후 ②로 이동하고, 아니면 ④로 이동

④ S를 출력하고 프로그램을 종료

이 알고리즘은 1부터 n까지의 정수를 1씩 증가하면서 순차적으로 더하는 과정을 통하여 1부터 n까지의 합을 구하는 것이다. 만약 n의 값을 10으로 지정하면 각 단계의 S 값은 다음과 같이 변한다.

단계	i	1	2	3	4	5	6	7	8	9	10
합계	S	1	3	6	10	15	21	28	36	45	55

모든 단계에서 **알고리즘 1** 의 각 명령(①~④)이 실행되는 횟수를 단계 수라고 할 때, 1부터 10까지의 합을 구하기 위해 각 명령이 실행되는 단계 수는 다음 표와 같다.

명령 번호	①	②	③	④	합계
단계 수	1회	10회	10회	1회	22회

알고리즘 2

① $S \leftarrow 0, i \leftarrow n, p \leftarrow 1$

② $S \leftarrow S + \left(\left\lfloor \dfrac{i+1}{2} \right\rfloor \right)^2 \times p$

③ 만약 $i > 1$ 이면 $i \leftarrow \left\lfloor \dfrac{i}{2} \right\rfloor, p \leftarrow 2 \times p$ 한 후 ②로 이동하고, 아니면 ④로 이동

④ S를 출력하고 프로그램을 종료

가우스 함수 $\lfloor X \rfloor$

X를 넘지 않는 최대 정수를 뜻한다. ⑩ $\lfloor 3.5 \rfloor = 3$

※가우스 함수 기호는 경우에 따라서 [ ]으로도 표시한다.

n의 값을 10이라고 할 때, 1부터 10까지의 합을 구하기 위해 그림과 같이 너비가 1, 높이가 1부터 10까지인 모든 막대의 넓이를 구하는 방법으로 설계한 알고리즘이다.

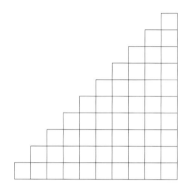

이 삼각형의 한 변의 길이가 10이라고 하면, 다음과 같이 한 변의 길이가 5인 삼각형 2개와 한 변의 길이가 5인 정사각형으로 나눌 수 있다. 이때 살구색 정사각형의 넓이(S)는 5×5임을 알 수 있다. 이제 삼각형 2개의 넓이를 구해 보자.

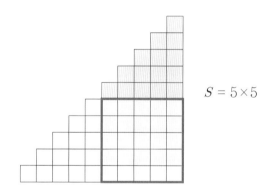

$$S = 5 \times 5$$

아래 그림에서 살구색 정사각형 2개를 찾을 수 있으며, 이들도 앞과 같은 과정으로 넓이를 구할 수 있다. 즉, 다음과 같이 3×3인 정사각형의 넓이를 구한 다음 앞에서 구한 S에 합한다.

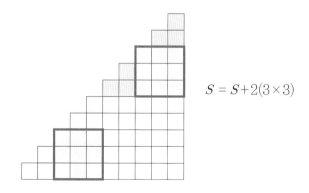

$$S = S + 2(3 \times 3)$$

다음으로 1×1인 정사각형 4개의 넓이를 구할 수 있다.

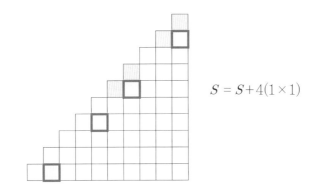

$$S = S + 4(1 \times 1)$$

마지막으로 남아 있는 작은 정사각형 8개의 값을 더하면 전체 넓이를 구할 수 있다.

만약 n=10이라고 하면, 각 단계의 S 값은 다음과 같이 변한다.

단계	1	2	3	4
S	$25 = 5 \times 5$	$43 = 25 + 2(3 \times 3)$	$47 = 43 + 4(1 \times 1)$	$55 = 47 + 8(1 \times 1)$

그리고 모든 단계에서 알고리즘 2 의 각 명령(①~④)이 실행되는 횟수는 다음 표와 같다.

명령 번호	①	②	③	④	합계
단계 수	1회	4회	4회	1회	10회

알고리즘 1 과 알고리즘 2 의 효율을 단계 수의 합계로 비교해 보면 n이 10일 때 알고리즘 1 은 22회, 알고리즘 2 는 10회임을 알 수 있다. 따라서 알고리즘 2 가 알고리즘 1 보다 2배 이상 효율이 좋은데, 이유는 같은 형태의 작업을 동시에 처리하기 때문이다.

빠르고 정확하게 연산을 할 수 있는 컴퓨터를 이용한다고 하더라도 이와 같이 알고리즘을 설계하는 방법에 따라서 효율이 달라질 수 있다.

3 탐색 기반 알고리즘 설계

프로그래밍을 이용하여 문제를 해결할 때 처음 생각할 수 있는 것이 탐색을 이용하는 방법인

데, 이는 컴퓨터의 빠르고 정확한 연산 능력을 이용한 문제 해결 방법이다. 탐색은 이해하기 쉽고, 구현하기 간단하면서도 대부분의 문제를 해결할 수 있는 매우 효율적인 알고리즘이다.

탐색의 종류는 다음과 같다. 사실 탐색은 원하는 값을 찾는 것이므로, 탐색만으로 해결할 수 있는 문제는 많지 않다. 그러나 컴퓨터가 빠르고 정확하게 탐색을 수행할 수 있음을 이용하면 다양한 문제를 해결하는 알고리즘을 쉽게 설계할 수 있다. 이와 같이 탐색을 기본으로 하여 다양한 문제의 해결에 이르는 방법과 절차를 탐색 기반 알고리즘이라고 한다.

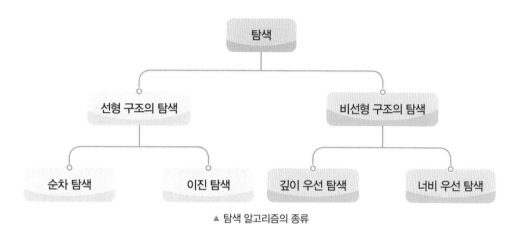

▲ 탐색 알고리즘의 종류

다음의 예제를 해결하는 탐색 기반 알고리즘을 설계해 보자. 여기에서는 순차 탐색과 이진 탐색을 이용하고자 한다.

예제 ①

주어진 자연수 n이 소수이면 "yes" 아니면, "no"를 출력하시오.

 알고리즘 설계

수학에서 소수는 매우 흥미로운 탐구 대상이다. 따라서 소수에 대한 많은 알고리즘이 알려져 있다. 여기서는 간단하게 주어진 자연수가 소수인지 아닌지 판단하면 된다. 소수란 1을 제외한 약수가 1개뿐인 자연수를 말한다. 따라서 이 정의를 이용하여 알고리즘을 설계할 수 있다.

기본적으로 어떤 수 n의 약수가 될 수 있는 수의 범위는 1부터 n까지라는 사실을 쉽게 알 수 있다. 따라서 1부터 n까지의 자연수를 모두 탐색하면서 약수의 수를 세어 개수가 2개인지 아닌지를 판단하여 소수인지 아닌지 구할 수 있다.

알고리즘은 다음과 같다.

① $i \leftarrow 1, c \leftarrow 0$
② 만약 $n \% i = 0$이면 $c = c + 1$
③ 만약 $i < n$이면 $i \leftarrow i + 1$ 한 후 ②로 이동 아니면 ④로 이동
④ 만약 $c = 2$이면 "yes" 아니면 "no"를 출력한다.

이와 같이 간단한 탐색을 통하여 수학적인 문제를 해결할 수 있다. 이번에는 다른 문제를 탐색으로 해결해 보자.

예제 ②

두 자연수 a, b의 최대공약수를 구하시오.

알고리즘 설계

수학적으로 두 자연수의 최대공약수를 구하는 방법은 잘 알려져 있으나, 여기에서는 수학적인 방법을 사용하지 않고 탐색을 통해서 두 자연수의 최대공약수를 구해 보자.

1은 모든 자연수의 공약수이므로 두 자연수 a, b의 최대공약수는 1 이상이라는 사실은 쉽게 알 수 있다. 그리고 두 자연수 a, b의 최대공약수가 a, b 중 더 작은 수 이하의 값이라는 사실도 쉽게 알 수 있다. 그러므로 두 자연수 a, b의 최대공약수가 될 수 있는 값들은 1 이상 a, b 중 더 작은 수 이하의 값들이라고 할 수 있다. 따라서 1부터 a, b 중 더 작은 수까지를 모두 탐색하면 최대공약수를 구할 수 있다.

설계할 수 있는 탐색 기반 알고리즘은 다음과 같다.

① $i \leftarrow 1, n \leftarrow a, b$ 중 더 작은 수
② 만약 $a \% i = 0$ and $b \% i = 0$이면 $GCD = i$
③ 만약 $i < n$ 이면 $i \leftarrow i + 1$ 한 후 ②로 이동 아니면 ④로 이동
④ GCD를 출력하고 프로그램을 종료

여기서 a%b는 a를 b로 나눈 나머지를 의미한다. 이 알고리즘을 통해서 두 자연수 a, b의 최대공약수를 순차적으로 탐색할 수 있다.

예제 ③

어떤 시험에 응시한 n명의 학생들의 점수가 있다. 이들 중 m명을 합격시키고자 한다. m명을 합격시킬 수 있는 커트라인의 최소 점수를 구하시오. (단, 모든 학생들의 점수는 다르며, $n \geq m$이다.)

　이 문제에서는 커트라인이 될 수 있는 점수를 0점부터 100점까지 각각 탐색하면서, 탐색하는 점수 이상인 학생의 수가 m명 이상인 점수를 구하면 된다.

　이 문제는 앞의 예제 **1**, 예제 **2**와는 달리 점수가 올라갈수록 그 점수 이상인 학생들의 수는 같거나 감소한다는 특징이 있다. 즉, 점수와 그 점수 이상인 학생의 수와의 관계를 파악해 보면 정렬된 자료와 같음을 알 수 있다. 따라서 이 문제는 이진 탐색으로도 해결할 수 있다.

　이진 탐색으로 설계한 알고리즘은 다음과 같다.

① $lo \leftarrow 0, hi \leftarrow 100$
② $c \leftarrow \dfrac{(lo+hi)}{2}$
③ 만약 점수가 c점 이상인 학생의 수가 m명 이상이면 $lo \leftarrow c$, 아니면 $hi \leftarrow c+1$
④ $lo < hi$ 이면 ②로 이동 아니면 ⑤로 이동
⑤ hi를 출력하고 프로그램을 종료

　이와 같이 탐색을 이용하여 문제를 해결하는 경우 효율이 떨어질 수 있지만 정확한 답을 구할 수 있다. 예제 **3**과 같이 수학적인 아이디어를 활용하여 알고리즘을 더욱 효율적으로 개선할 수도 있으니 스스로 고민해 보기 바란다.

　기본적으로 탐색을 이용하여 알고리즘을 설계할 때에는 먼저 탐색해야 할 값의 범위를 설정하고 문제의 특성에 따라 이 값들을 순차 탐색 혹은 이진 탐색으로 탐색해 가면서 해를 구할 수 있는 방법이 기본이므로 잘 익혀 두는 것이 좋다.

MEMO

01 빈칸에 알맞은 말을 〈보기〉에서 찾아 순서대로 채우시오.

(   )은 (   )의 기본 개념과 원리 및
(   )을 활용하여 실생활과 다양한 학문 분야의 문
제를 이해하고 창의적으로 해법을 구현하여 적용할 수 있는
능력이다.

보기

㉮ 컴퓨터과학
㉯ 컴퓨팅 시스템
㉰ 컴퓨팅 사고력

02 다음에서 설명하는 컴퓨팅 사고력의 하위 요소를 〈보기〉에서 고르시오.

이것은 현실세계의 문제가 가진 복잡성을 제거하기 위한 사
고 과정 및 능력으로 문제의 상태를 정의하고, 문제 해결을 위
해 반드시 필요한 요소를 추출한 후 이를 바탕으로 문제를 재
표현하는 과정을 모두 포함하는 것이다.

보기

㉮ 추상화
㉯ 자동화
㉰ 프로그래밍

03 다음에서 설명하는 알고리즘 설계 기법을 〈보기〉에서 고르시오.

컴퓨터를 비롯한 컴퓨팅 시스템이 가지고 있는 빠르
고 정확한 계산 능력을 바탕으로 해(답)가 있을 법한
공간을 뒤져보고 해가 맞는지 검사함으로써 문제를 해
결하는 알고리즘을 설계하는 기법이다.

보기

㉮ 관계 기반 알고리즘 설계
㉯ 탐색 기반 알고리즘 설계
㉰ 객체 기반 알고리즘 설계

정답 220쪽

01 사용자가 컴퓨터의 하드웨어 시스템을 사용하기 쉽게 도와주는 소프트웨어는?

① 인터프리터 　　　② 통합 개발 환경
③ 응용 소프트웨어 　　④ 시스템 소프트웨어
⑤ 프로그래밍 소프트웨어

02 프로그래밍 소프트웨어에 속하지 않는 것은?

① 링커 　　② 서버 　　③ 디버거
④ 인터프리터 　　⑤ 텍스트 에디터

03 소프트웨어로 볼 수 없는 것은?

① 게임 　　② CPU 　　③ 펌웨어
④ 웹 페이지 　　⑤ 운영 체제

04 구조적 알고리즘 설계 방법과 관계가 적은 것은?

① 구조화 　　② 순차 　　③ 선택
④ 객체 　　⑤ 반복

05 웹 전용 프로그래밍 언어가 아닌 것은?

① JSP 　　② CSS 　　③ PHP
④ Python 　　⑤ JavaScript

06 파이썬 통합 개발 환경이 아닌 것은?

① Pycharm 　　② Python IDLE
③ Wing 　　④ Spyder
⑤ linker

07 다음 순서도를 실행한 결과는?

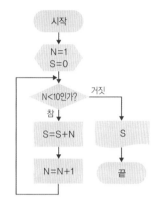

① 10 　　② 11 　　③ 25 　　④ 45 　　⑤ 5

08 소스 코드를 줄 단위로 번역하고, 실행하는 프로그램은?

① 에디터 　　② 컨버터 　　③ 디버거
④ 테스터 　　⑤ 인터프리터

09 컴퓨팅 사고의 문제 해결 전략이 아닌 것은?

① 문제 분석 　　② 모델링 　　③ 공식과 법칙
④ 알고리즘 　　⑤ 프로그래밍

다양한 프로그래밍 언어들

컴퓨터가 처음 만들어진 이후 더 쉽게 프로그래밍을 하기 위한 여러 가지 아이디어와 방법들이 생겼으며, 그에 따라 더욱 강력하고 편리한 형태의 새로운 프로그래밍 언어가 현재까지도 계속해서 개발되고 있다.

지금까지 수백 가지의 프로그래밍 언어들이 개발되었는데, 여러 검색 사이트에서 검색되는 프로그래밍 언어의 비율을 분석하는 TIOBE Index에 의하면 2020년 9월 기준 가장 많이 검색되는 프로그래밍 언어는 C, Java, 파이썬(Python), C++, C#, Visual Basic.NET 순으로 나타난다.

TIOBE Index는 전세계적으로 가장 많이 사용되는 상위 25개(Google, Youtube, Baidu, Yahoo, Wikipedia, Ebay, Amazon 등)의 검색 엔진 사이트를 통해 검색되는 프로그래밍 언어 관련 검색의 횟수들을 수집하고, 그 데이터를 기반으로 순위를 계산하여 월 단위의 변화와 순위를 게시한다.

〈출처〉 http://www.tiobe.com/tiobe-index/

TIOBE Programming Community Index
Source: www.tiobe.com

▲ TIOBE index 변화(2020. 9)

〈출처〉 http://www.tiobe.com

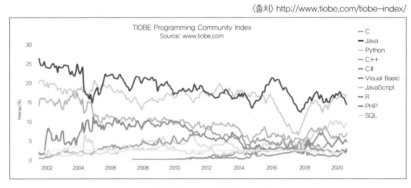

Aug 2020	Aug 2019	Change	Programming Language	Ratings	Change
1	2	^	C	16.95%	+1.93%
2	1	v	Java	14.43%	-1.60%
3	3		Python	9.69%	-0.33%
4	4		C++	6.84%	+0.78%
5	5		C#	4.68%	+0.63%
6	6		Visual Basic	4.66%	+0.97%
7	7		JavaScript	2.87%	+0.62%
8	20		R	2.79%	+1.97%
9	8	v	PHP	2.24%	+0.17%
10	10		SQL	1.46%	-0.17%
11	17		Go	1.43%	+0.45%
12	18		Swift	1.42%	+0.53%
13	15		Perl	1.11%	+0.25%
14	15		Assembly language	1.04%	-0.07%
15	11		Ruby	1.03%	-0.28%
16	13		MATLAB	0.86%	-0.41%
17	16		Classic Visual Basic	0.82%	-0.20%
18	13		Groovy	0.77%	-0.46%
19	9		Objective-C	0.76%	-0.93%
20	28		Rust	0.74%	+0.29%

1991년에 귀도 반 로섬(Guido van Rossum)가 개발한 파이썬은 비교적 짧은 역사에도 불구하고 오랜 역사를 자랑하는 수많은 언어를 제치고, 높은 사용 비율을 보이고 있다. 이렇게 Python이 짧은 시간에 많이 사용되고 검색되는 이유로는 문법의 간결성, 코드의 간결성과 높은 가독성, 교육용 언어로의 적합성, 다양한 분야로의 넓은 확장성 등을 들 수 있다.

▲ TIOBE 프로그래밍 언어 순위(2020. 9)

코드의 로제타석

로제타석(로제타스톤)은 기원전 196년 고대 이집트에서 제작된 화강암으로, 같은 내용의 글이 이집트 상형 문자, 이집트 민중 문자, 고대 그리스어 등 세 가지 문자로 번역되어 기록되어 있다. 로제타석에 대한 고고학적 연구를 통해서 그 이전까지는 해석할 수 없었던 이집트 상형 문자를 같은 의미로 작성된 그리스어로 번역할 수 있었기 때문에 로제타석 연구는 이집트 상형 문자 해석의 역사적 시발점이 되었다.

로제타코드(http://rosettacode.org) 사이트는 그러한 로제타석과 비슷하게, 서로 다른 프로그래밍 언어의 같은 작업 코드를 작성·수집·기록하는 사이트이다. 약 1,000여 개 이상의 알고리즘·작업들에 대해 800여 개의 프로그래밍 언어로 코드를 수집하고 있으며, 원하는 알고리즘이나 작업들에 대해 서로 다른 프로그래밍 언어로 작성된 코드를 검색하고 참고할 수 있다.

〈출처〉 http://rosettacode.org/wiki/Rosetta_Code

▲ 로제타석(복원 예상 모습)

▲ 로제타코드

C	Python	Ruby

iint gcd(int u, int v)
{
  return v! = 0?gcd(v,u%v):u;
}
	def gcd(u, v):
	  return gcd(v,u%v) if v else abs(u)
		def gcd(u, v)
		  u, v = u.abs, v.abs
		  while v > 0
		  u, v = v, u % v
		  end
		  u
		end

▲ 최대공약수를 계산하는 유클리드 알고리즘의 로제타코드(C, Python, Ruby)

프로그래밍의 기초

💬 이 단원에서는 파이썬을 통해 우리가 사용하는 데이터와 연산을 명령으로 표현하는 방법과 과정에 대해서 학습한다. 또한, 이러한 명령들의 흐름을 제어함으로써 복잡한 명령들을 손쉽게 표현하는 방법과 과정에 대해서 학습한다. 마지막으로 이러한 명령들을 묶음으로 만드는 방법과 이를 활용하는 과정에 대해서 학습한다.

파이썬의 기초

파이썬으로 프로그램을 작성하여 "Hello, World!"를 출력할 수 있다. 파이썬으로 간단한 프로그램을 작성할 수 있다.

1 Hello, World!

프로그래밍 언어는 인간과 컴퓨터가 대화를 하기 위한 언어이다. 인간이 명령을 내리고 컴퓨터가 실행하기 때문에, 기계어보다는 파이썬처럼 인간이 사용하는 언어와 가까운 고급 언어를 사용하는 것이 편리하다.

문제 1 다음 프로그램을 작성하고 실행해 보자.

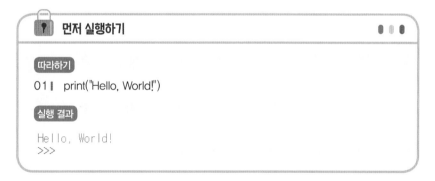

🔒 **먼저 실행하기**

따라하기
```
01  print("Hello, World!")
```
실행 결과
```
Hello, World!
>>>
```

• "Hello, World!"는 "안녕, 세상아!"라는 뜻으로 print( ) 함수를 사용하여 출력한다.
• 1행에서 컴퓨터에게 "Hello, World!"를 출력하라는 명령을 내리고, 그 명령에 따라 컴퓨터가 문장을 출력한 것이다.

Hello, World!
대부분의 학생들이 프로그래밍 언어를 학습할 때 처음 작성하게 되는 예제이다. 왜 그럴까? "Hello, World!"라는 말은 누가 한 것인지 생각해 보자.

CHAPTER 02 프로그래밍의 기초 **83**

2 리터럴과 변수

문제 2 프로그램을 작성하다 보면 데이터를 표현하고 저장하는 작업이 자주 발생한다. 다음 프로그램을 작성하고 실행해 보자.

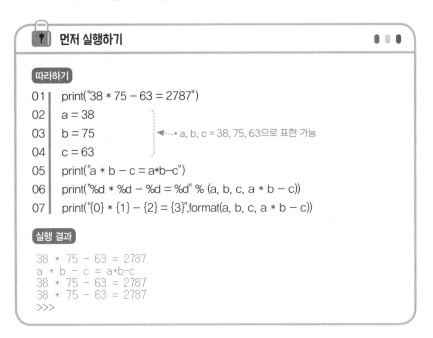

먼저 실행하기

따라하기

```
01   print("38 * 75 − 63 = 2787")
02   a = 38
03   b = 75        ◀---• a, b, c = 38, 75, 63으로 표현 가능
04   c = 63
05   print("a * b − c = a*b−c")
06   print("%d * %d − %d = %d" % (a, b, c, a * b − c))
07   print("{0} * {1} − {2} = {3}".format(a, b, c, a * b − c))
```

실행 결과

```
38 * 75 − 63 = 2787
a * b − c = a*b−c
38 * 75 − 63 = 2787
38 * 75 − 63 = 2787
>>>
```

1. 리터럴

문제 2 에서 "38 * 75 − 63 = 2787", 38, 75, 63과 같이 데이터를 직접 표현할 수 있다. 이와 같이 직접 표현한 데이터 값을 리터럴(literal)이라고 하며, 종류는 다음과 같다.

■ 리터럴의 종류

종류	예시	설명
문자열	"Informatics" "Hello\ World"	• " " 또는 ' '로 묶어 사용 가능 • \(백슬래시)는 문장 마지막에 줄 바꿈 삭제 효과임. → "HelloWorld"와 같음.
수	123 0b1101 0o123 0x3fb4 3.14 1.5e5 2+3.14j	0~9로 시작하면 10진수 0b로 시작하면 2진수 0o로 시작하면 8진수 0x로 시작하면 16진수 실수 리터럴 e는 지수 표현으로 1.5e5 = 1.5*10^5, 즉 $1.5*10^5$ 의미 j는 복소수의 허수부

| 불 값 | True | 참 값을 표현 |
| | False | 거짓 값을 표현 |

※ 다른 프로그래밍 언어에서는 리터럴을 상수라고 칭한다.

2. 변수

문제 2 에서 2, 3, 4행의 a, b, c에는 숫자, 문자와 같은 값(리터럴)이 저장된다. 이처럼 언제든지 다른 값을 저장할 수 있는 공간의 이름을 변수(variable)라고 한다.

변수의 이름은 다음과 같은 규칙을 따른다.

- 알파벳 대문자, 소문자, 숫자, 밑줄 문자(_) 등을 조합하여 만든다.
- 변수 이름의 첫 자리에는 숫자를 사용할 수 없다.
- 파이썬의 명령문과 같은 키워드는 변수명으로 사용할 수 없다.

3 자료형

자료형(data type)이란 저장되는 데이터의 종류와 범위를 의미한다.

1. 자료형의 종류

일반 프로그래밍 언어는 변수에 저장하는 값의 종류와 범위에 따라 다른 자료형을 사용하여 변수를 선언해야 하지만, 파이썬은 다른 프로그래밍 언어와는 다르게 미리 자료형을 지정하지 않아도 되며, 계산이 수행되거나 값이 참조되어 실행되는 과정에서 자료형이 결정될 수 있다.

문제 3 다음 프로그램을 작성하고 실행해 보자.

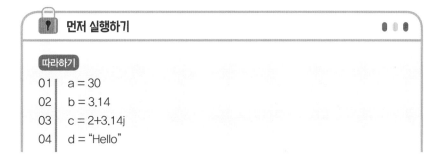

먼저 실행하기

따라하기
```
01   a = 30
02   b = 3.14
03   c = 2+3.14j
04   d = "Hello"
```

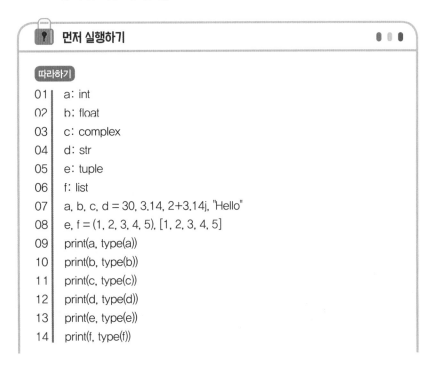

```
05    e = 1, 2, 3, 4, 5
06    f = [1, 2, 3, 4, 5]
07    print(a, type(a))
08    print(b, type(b))
09    print(c, type(c))
10    print(d, type(d))
11    print(e, type(e))
12    print(f, type(f))
```

실행 결과

```
30 <class 'int'>               ◀--• 정수형
3.14 <class 'float'>
(2+3.14j) <class 'complex'>    ◀--• 실수형
Hello <class 'str'>            ◀--• 문자형
(1, 2, 3, 4, 5) <class 'tuple'> ◀--• 튜플형
[1, 2, 3, 4, 5] <class 'list'>  ◀--• 리스트형
>>>
```

따라하기 결과와 같이 파이썬은 변수에 값이 할당되거나, 계산되는 과정에서 자료형이 정해진다. 각 변수의 형은 실행 결과와 같다.

파이썬도 다른 언어처럼 자료형을 선언할 수 있다. 위 프로그램을 일반 프로그램과 같은 방법으로 코딩하면 다음과 같다.

🔒 **먼저 실행하기**　　　　　　　　　　　　● ● ●

따라하기

```
01    a: int
02    b: float
03    c: complex
04    d: str
05    e: tuple
06    f: list
07    a, b, c, d = 30, 3.14, 2+3.14j, "Hello"
08    e, f = (1, 2, 3, 4, 5), [1, 2, 3, 4, 5]
09    print(a, type(a))
10    print(b, type(b))
11    print(c, type(c))
12    print(d, type(d))
13    print(e, type(e))
14    print(f, type(f))
```

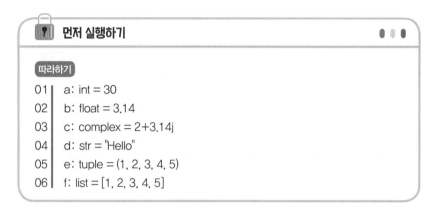

```
30 <class 'int'>
3.14 <class 'float'>
(2+3.14j) <class 'complex'>
Hello <class 'str'>
(1, 2, 3, 4, 5) <class 'tuple'>
[1, 2, 3, 4, 5] <class 'list'>
>>>
```

또는 다음과 같이 변수와 자료형 선언과 함께 초기화도 할 수 있다.

🔒 먼저 실행하기 ● ● ●

따라하기

```
01 │ a: int = 30
02 │ b: float = 3.14
03 │ c: complex = 2+3.14j
04 │ d: str = "Hello"
05 │ e: tuple = (1, 2, 3, 4, 5)
06 │ f: list = [1, 2, 3, 4, 5]
```

파이썬에서 지원하는 자료형의 종류는 다음과 같다.

■ **자료형의 종류**

자료형		클래스	의미
수치형	정수형	int	소수점이 없는 정수를 표현, 메모리 한계까지 큰 수 표현 가능
	실수형	float	실수 표현, 소수점 15자리 정밀도
	복소수형	complex	복소수 표현
문자형		str	문자, 문자열 표현
튜플형		tuple	","로 구분된 목록 표현, 서로 다른 자료형을 튜플로 표현 가능
리스트형		list	입력된 순서가 유지되는 묶은 자료형, 서로 다른 자료 표현 가능
딕셔너리형		dict	키와 값을 쌍으로 갖는 자료형

2. 논리적 오류

프로그램 실행 시 생각하지 못한 다른 값이 출력되거나 오류가 발생할 수 있다.

문제 ④ 다음 프로그램을 작성하고 실행해 보자.

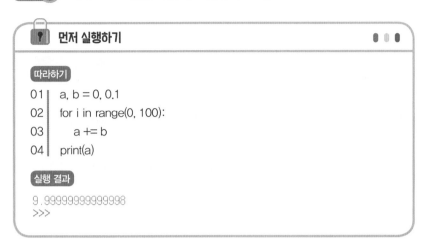

먼저 실행하기

따라하기
```
01  a, b = 0, 0.1
02  for i in range(0, 100):
03      a += b
04  print(a)
```

실행 결과
```
9.99999999999998
>>>
```

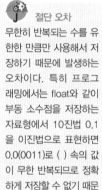

절단 오차
무한히 반복되는 수를 유한한 만큼만 사용해서 저장하기 때문에 발생하는 오차이다. 특히 프로그래밍에서는 float와 같이 부동 소수점을 저장하는 자료형에서 10진법 0.1을 이진법으로 표현하면 0.0(0011)로 ( ) 속의 값이 무한 반복되므로 정확하게 저장할 수 없기 때문에 절단 오차가 나타난다.

위 프로그램은 0.1을 100번 더하는 코드이다. 0.1을 100번 더하면 10.0이 되어야 하는데 실제 실행 결과는 그렇지 않다.

이와 같이 문법적으로 프로그램의 실행에는 문제가 없으나 실행 결과가 원하는 값이 아닐 경우를 말한다. 위 오류는 부동 소수점의 절단 오차 때문에 발생한 논리적 오류이다. 프로그래밍에서 실수(float)를 다룰 때는 항상 절단 오차를 생각하고 있어야 한다.

3. 아스키코드

파이썬에서 특정 문자의 아스키코드를 확인하거나 특정 아스키코드의 문자는 다음과 같은 명령으로 확인할 수 있다.

문제 ⑤ 다음 프로그램을 작성하고 실행해 보자.

먼저 실행하기

따라하기
```
01  print(ord("a"))
02  print(ord("A"))
03  print(chr(100))
04  print(chr(96))
```

실행 결과
```
97
65
d
>>>
```

위 프로그램은 각 문자에 대한 아스키코드를 알 수 있는 ord( )와 아스키코드에 대한 문자를 알 수 있는 chr( )의 사용 예를 보여 준다. 실제 프로그램 작성 시 아스키코드를 알아야 하는 경우 유용하게 활용할 수 있다.

4. 문자열 변수

문자열형 변수는 문자형 변수와 유사하지만 저장과 계산의 효율성을 위해 몇 가지 규칙이 포함되어 있다.

문제 ⑥ 다음 프로그램을 작성하고 실행해 보자.

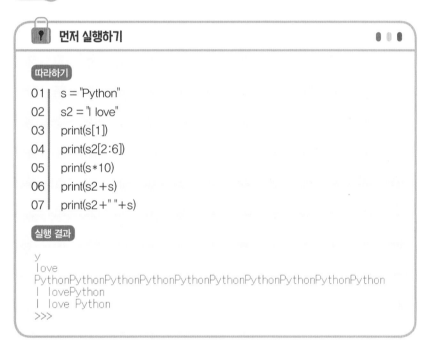

위 프로그램은 파이썬의 문자열 변수를 다루는 예를 보여 준다. 두 문자열 변수 s, s2를 이용하여 반복, 연결 등을 '*'와 '+' 등의 연산자를 활용하여 나타낼 수 있다.

- 3행은 s에 저장된 문자열 중 특정 문자를 골라서 다루는 방법을 나타낸다. s에 저장된 문자열 중 첫 번째 문자는 s[0]으로 나타낼 수 있다.
- 4행은 문자열 s2에서 부분 문자열을 다루는 방법을 나타낸다. [2:6]은 2부터 6보다 작은 값, 즉 2, 3, 4, 5번째에 해당하는 문자를 모두 나타낸다. 따라서 6은 포함되지 않는다.
- 5행은 '*10'을 이용하여 s에 저장된 문자열을 10번 반복하여 출력한다.
- 6행은 '+'를 이용하여 문자열과 문자열을 서로 연결한다.

• 7행은 '+'를 이용하여 3개 이상의 문자열을 연결한다.

5. 불 변수

파이썬에서는 '참'과 '거짓'의 논릿값을 다루는 변수를 사용할 수 있다. 일반적으로 논릿값은 '크다', '작다'와 같은 비교 연산의 결과다.

문제 7 다음 프로그램을 작성하고 실행해 보자.

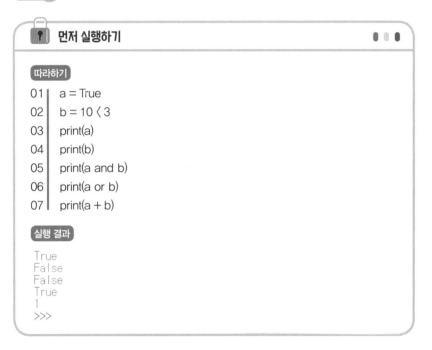

🔒 **먼저 실행하기**

따라하기
```
01  a = True
02  b = 10 < 3
03  print(a)
04  print(b)
05  print(a and b)
06  print(a or b)
07  print(a + b)
```

실행 결과
```
True
False
False
True
1
>>>
```

위 프로그램은 논릿값을 저장하는 논리형 변수를 활용하는 예를 보여 준다. True는 참을 나타내는 리터럴이며 그 값은 1이고, False는 거짓을 나타내는 리터럴로 그 값은 0이다.

• 1행은 논리 변수 a에 참(True) 값을 저장한다.
• 2행은 논리 변수 b에 '10 < 3'을 계산한 결괏값인 False가 저장된다.
• 3행은 논리 변수인 a에 저장되어 있는 값을 출력한다.
• 4행은 논리 변수인 b에 저장되어 있는 값을 출력한다.
• 5행은 두 논리 변수 a, b를 logical and 연산한 결과를 출력한다.
• 6행은 두 논리 변수 a, b를 logical or 연산한 결과를 출력한다.
• 7행은 두 논리 변수가 수로 형 변환되어 1+0의 결과인 1이 출력된다.

4 연산자

연산자는 파이썬에서 산술 연산이나 논리 연산 등을 하기 위해 사용하는 기호를 말한다. 파이썬에서는 산술 연산자, 비교 연산자, 논리 연산자, 비트 연산자 등을 지원한다.

1. 연산자의 종류

연산식은 연산자(operator)와 피연산자(operand)의 조합으로 구성된다. 파이썬에서 사용하는 연산자의 종류는 다음과 같다.

구분	종류
산술 연산자	+, −, *, /, %, **, //
대입 연산자	=, +=, −=, *=, /=, %=, //=, **=, &=, |=, ^=, >>=, <<=
비교 연산자	==, !=, >, <, >=, <=
논리 연산자	and, or, not
비트 단위 연산자	&, |, ^, !, <<, >>

2. 산술 연산자와 대입 연산자

문제 8 산술 연산자와 대입 연산자의 사용 방법을 이해하기 위해 다음 프로그램을 작성하고 실행해 보자.

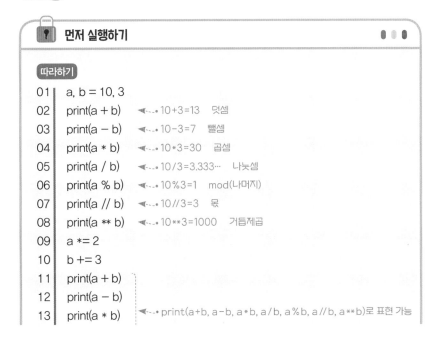

먼저 실행하기

따라하기

```
01    a, b = 10, 3
02    print(a + b)      ◄--• 10+3=13    덧셈
03    print(a − b)      ◄--• 10−3=7     뺄셈
04    print(a * b)      ◄--• 10*3=30    곱셈
05    print(a / b)      ◄--• 10/3=3.333…   나눗셈
06    print(a % b)      ◄--• 10%3=1     mod(나머지)
07    print(a // b)     ◄--• 10//3=3    몫
08    print(a ** b)     ◄--• 10**3=1000    거듭제곱
09    a *= 2
10    b += 3
11    print(a + b)
12    print(a − b)
13    print(a * b)      ◄--• print(a+b, a−b, a*b, a/b, a%b, a//b, a**b)로 표현 가능
```

```
14   print(a / b)
15   print(a % b)
16   print(a // b)
17   print(a ** b)
```

실행 결과

```
13
7
30
3.3333333333333335    ◄---• 2~8행의 실행 결과
1
3
1000
26
14
120
3.3333333333333335    ◄---• 11~17행의 실행 결과
2
3
64000000
>>>
```

■ 대입 연산자

대입 연산자는 '='을 기준으로 오른쪽의 연산 결과를 왼쪽의 변수에 대입(assign)하라는 의미로 사용된다. 대입 연산자와 산술 연산자를 결합하여 +=, −=, ∗=, /=, %=, //= 의 형태로도 활용한다.

■ 산술 연산자

• 곱셈은 '∗', 나눗셈은 '/' 기호를 사용한다. 이는 '×' 또는 '÷' 기호가 알파벳 또는 다른 기호들과 유사하기 때문에 혼동을 막기 위함이다.
• '%'는 나머지를 계산하는 연산자로 두 수를 나누었을 때 발생하는 나머지 값을 구한다. '//'는 몫을 계산하는 연산자로 두 수의 나눗셈 결과에서 몫을 구할 수 있다.

■ 대입 연산자와 산술 연산자의 쓰임

종류	기호	사용예	의미
산술 연산자	+	a + 3	a값과 3을 더한 값
	−	a − 3	a값에서 3을 뺀 값
	∗	a ∗ 3	a값과 3을 곱한 값
	/	a / 3	a값을 3으로 나눈 값
	%	a % 3	a값을 3으로 나눈 나머지 값
	//	a // 3	a값을 3으로 나눈 몫

대입 연산자	+=	a += 3	식 a = a + 3을 줄여서 표현
	-=	a -= 3	식 a = a - 3을 줄여서 표현
	*=	a *= 3	식 a = a * 3을 줄여서 표현
	/=	a /= 3	식 a = a / 3을 줄여서 표현
	%=	a %= 3	식 a = a % 3을 줄여서 표현
	//=	a //= 3	식 a = a // 3을 줄여서 표현

3. 비교 연산자와 논리 연산자

비교 연산자는 오른쪽과 왼쪽의 식이나 값을 비교하는 연산자이고, 논리 연산자는 논리적 연산을 수행하는 연산자이다.

문제 9 다음 프로그램을 작성하고 실행해 보자.

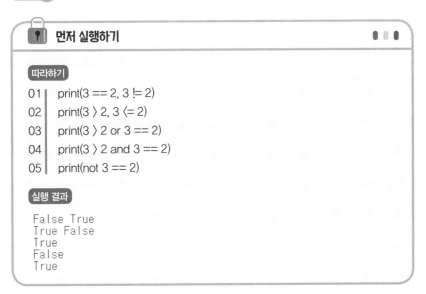

비교 연산자(==, !=, >, >=, <, <=)는 왼쪽과 오른쪽의 식이나 값을 비교한 결과를 '참(True)' 또는 '거짓(False)'의 논릿값으로 계산하고, 논리 연산자(and, or, not)는 논리적 계산을 수행하여 '참(True)' 또는 '거짓(False)'의 값으로 계산한다.

• 1, 3, 4, 5행에서 사용한 '==' 연산자는 양변의 값이 서로 같은지 비교하여 같으면 참(True), 다르면 거짓(False)으로 계산한 결괏값을 만들어 낸다. 또한 '!='은 '서로 다를 때 참(True)'

값으로 계산한다. 따라서 '3==2'의 결과는 거짓(False)으로 계산되고, '3 != 2'의 결과는 참 (True)으로 계산된다.

- 2행에서 '3 > 2'의 결과는 참(True)이며, '3 <= 2'의 결과는 거짓(False)이다.
- 3행에서 'or' 연산자는 논리합(OR) 연산자로, 양변의 논릿값 중 하나라도 참이면 참(True) 이 출력된다. 따라서 우변(3==2)은 거짓이지만, 좌변(3 > 2)이 참이므로 'or' 연산의 결과 는 참(True)이다.
- 4행에서 'and' 연산자는 논리곱(AND) 연산자로, 양변의 논릿값이 모두 참일 때만 참 (True)이 출력된다.
- 5행에서 'not' 연산자는 논리 부정(NOT) 연산자로, 원래의 값이 참(True)이면 거짓(False) 으로, 거짓(False)이면 참(True)으로 계산한다.

■ 비교 연산자와 논리 연산자의 쓰임

종류	기호	사용예	의미
비교 연산자	==	a == 3	a에 저장되어 있는 값과 3 값이 같은지 비교한 결괏값
	!=	a != 3	a에 저장되어 있는 값과 3 값이 다른지 비교한 결괏값
	>, <	a > 3, a < 3	a에 저장되어 있는 값과 3 값을 비교한 결괏값
	>=, <=	a >= 3, a <= 3	a에 저장되어 있는 값과 3 값을 비교한 결괏값
논리 연산자	and	a and b	a와 b 모두 True일 때만 True
	or	a or b	a 또는 b 중 하나라도 True이면 True
	not	not a	a가 True이면 결괏값은 False, False이면 True

4. 비트 단위 연산자

비트 연산자는 2진수 형태의 비트 자리별로 논리 연산을 수행하는 연산자이다.

문제 ⑩ 다음 프로그램을 작성하고 실행해 보자.

```
🔒 먼저 실행하기                          ● ● ●

따라하기
01  print(3&1, 3|1)
02  print(3^1)
03  print(3<<1, 3>>1)
```

```
04 │  print(~3)
```

```
1 3
2
6 1
-4
>>>
```

위 프로그램은 비트 연산자를 이용하여 연산한 결과를 보여 준다.

- 1행에서 비트 연산자 '&'와 '|'는 각각 논리곱(AND)과 논리합(OR) 연산을 비트 단위로 수행한다. 따라서 3의 비트 값 $11_{(2)}$과 1의 비트 값 $01_{(2)}$의 논리곱을 비트 단위로 수행한 결과 1을 출력한다. 같은 방식으로 비트 논리합 연산의 결과는 $3(11_{(2)})$이 출력된다.
- 2행에서 비트 연산자 '^'은 배타적 논리합(XOR) 연산을 비트 단위로 수행한다. XOR 연산은 두 비트의 값이 다를 때만 참(1)이 되는 연산이므로, $11_{(2)}$과 $01_{(2)}$의 XOR 연산 결과는 $2(10_{(2)})$가 된다.
- 3행에서 '<<'와 '>>'은 비트 열을 일정 길이만큼 이동시키는 시프트(shift) 연산자이다.
- 4행에서 '~'은 비트 열의 값들을 각각 부정(NOT)하라는 뜻으로, 해당 수를 1의 보수로 변환한다. 따라서 3의 비트 값 '$11_{(2)}$'은 실제로는 '$000000...11_{(2)}$'이므로 비트 부정의 결과 '$111111...00_{(2)}$' 이 된다. 이 숫자는 2의 보수를 취급하는 컴퓨터 환경에서는 −3이 된다.

■ 비트 단위 연산자의 쓰임

종류	기호	사용예	의미
비트 단위 연산자	&	a & 3	a에 저장되어 있는 값을 3과 비트 단위로 and 연산한 결괏값
	|	a | 3	a에 저장되어 있는 값을 3과 비트 단위로 or 연산한 결괏값
	^	a ^ 3	a에 저장되어 있는 값을 3과 비트 단위로 xor 연산한 결괏값
	>>	a >> 3	a에 저장되어 있는 값을 비트 단위로 오른쪽으로 3칸만큼 비트 시프트(이동)한 결괏값
	<<	a << 3	a에 저장되어 있는 값을 비트 단위로 왼쪽으로 3칸만큼 비트 시프트(이동)한 결괏값
	~	~ a	a에 저장되어 있는 값을 비트 단위로 inverse(not, 반대로 바꿈) 결괏값

5 데이터형 변환

값들은 다음과 같은 방법으로 다른 데이터형의 값들로 변환할 수 있다.

문제 11 다음 프로그램을 작성하고 실행해 보자.

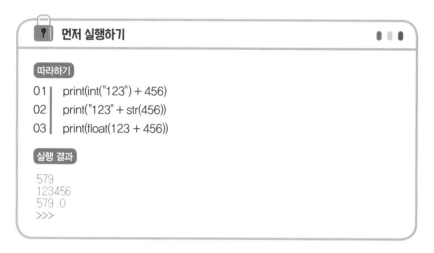

위 프로그램은 문자열 '123'과 숫자 456, 123을 int( ), str( ), float( )를 이용하여 형 변환을 하여 다양한 작업을 수행하는 것을 볼 수 있다.

- 1행에서 문자열 "123"을 int( )를 이용하여 정수형 123으로 변환한 후 456을 더하여 정수 연산 결과인 579를 출력한다.
- 2행에서 정수형 456을 str( )을 이용하여 문자열 "456"으로 변환한 후 '+'로 두 문자열을 연결한 연산 결과인 "123456"을 출력한다. 연산자 '+'의 경우, 피연산자가 문자열인 경우에는 두 문자열을 서로 연결하는 연산을 수행한다.
- 3행에서 두 정수의 덧셈 결과를 float( )를 이용하여 실수형으로 변환한 결과를 출력한다.

연산자 우선순위

수학 계산식에서 먼저 계산을 수행하는 우선순위가 있듯이, 파이썬에서도 여러 가지 연산자가 복합적으로 사용될 경우, 먼저 연산이 적용되는 순서를 정하는 연산자 우선순위가 있다.

우선순위가 높을수록 먼저 연산되고, 같은 순위의 연산자가 여러 개가 사용된 경우에는 결합 순서에 의해 연산 순서가 결정된다.

■ 연산자의 우선순위

기능	연산자	결합 순서	우선순위
거듭제곱	**	←	1
단항 연산	~, +, −	←	2
산술 연산	*, /, %, //	→	3
	+, −	→	4
시프트 연산	>>, <<	→	5
비트 연산	&	→	6
	^, |	→	7
비교 연산	<=, <, >=, >	→	8
	< >, ==, !=	→	9
대입 연산	=, %=, /=, //=, −=, +=, *=, **=	←	10
논리 연산	and, or, not	→	11

문제 12 결합 순서를 이해하기 위해 다음 프로그램을 작성하고 실행해 보자.

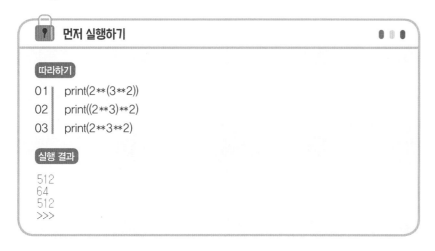

먼저 실행하기

따라하기
```
01  print(2**(3**2))
02  print((2**3)**2)
03  print(2**3**2)
```

실행 결과
```
512
64
512
>>>
```

결합 순서가 왼쪽(←)인 연산자는 오른쪽부터 왼쪽 방향으로 연산된다.

- 1행에서 2**(3**2)는 2^{3^2}의 결과인 512를 출력한다.
- 2행에서 (2**3)**2는 $(2^3)^2$의 결과인 64를 출력한다.
- 3행에는 우선순위를 적용하지 않았기 때문에 결합 순서에 의해 1행과 같은 결과를 나타낸다. 일반적으로 결합 순서는 오른쪽이지만, 일부 연산자는 결합 순서가 왼쪽이므로 주의하여 사용하도록 한다.

01 다음 빈칸을 〈보기〉에서 찾아 채우시오.

> 보기
>
> 리터럴
> 연산자
> 변수
> 자료형

①	의미와 표현이 항상 같은 데이터
②	데이터를 담는 그릇
③	데이터의 종류와 크기에 대한 규정
④	사칙 연산, 산술 연산, 논리 연산 등을 수행하는 기호

02 다음 논리식을 〈보기〉와 같이 연산자 우선순위에 맞도록 괄호로 나타내고, 그 출력 결과가 참(True)인지 거짓(False)인지를 쓰시오.

> 보기
>
> $2 + 3 * 2$
>
> ⬇
>
> 우선순위에 따른 괄호 표현
>
> $(2 + (3 * 2))$

> 논리식
>
> $10 \wedge 5 > 6$
>
> ⬇
>
> 우선순위에 따른 괄호 표현
>
> ⬇
>
> 연산 결과
>
> True, False

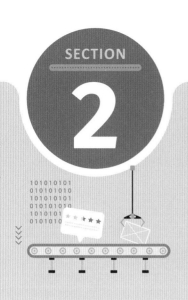

SECTION 2

입력과 출력

이제부터 본격적으로 컴퓨터와 대화하는 방법을 살펴보자. 컴퓨터에게 자료를 입력하거나 계산 결과를 출력하게 하려면 어떻게 해야 할까? 여기에서는 표준 입출력에 대해서 학습한다.

🔟 print( )

print( )는 사용자가 원하는 값을 원하는 형태로 출력하는 함수이다.

1. print( )로 문자열 출력

문제 1 print( )는 기본적으로 출력 후 줄 바꿈을 수행한다. 다음 프로그램을 작성하고 실행해 보자.

🔒 **먼저 실행하기**

따라하기
```
01  print( )
02  print("Hello, World")
03  print("Good \n")
04  print("123\
05  456")
```

실행 결과
```
Hello, World
Good

123456
>>>
```

- 1행은 아무것도 출력하지 않으므로 단순히 줄만 바꾼다.
- 2행은 " " 안의 문자열 리터럴을 그대로 출력한다. 문자열 리터럴은 작은따옴표(' ')로도 표현할 수 있다.
- 3행은 제어 문자를 포함한 문자열을 출력한다. '\n'은 줄 바꿈을 나타내는 제어 문자이다. 제어 문자는 '\'로 시작하며, 종류는 다음과 같다.

■ 제어 문자의 종류

제어 문자	의미	제어 문자	의미
\\	백슬래시	\f	폼피드*
\'	작은따옴표	\r	캐리지 리턴*
\"	따옴표	\n	줄 바꿈
\a	비프음	\t	탭
\b	백스페이스	\v	수직 탭

*폼피드: 페이지 바꿈 / 캐리지 리턴: 커서를 그 줄의 가장 왼쪽으로 이동하는 것

폼피드/캐리지 리턴의 유래
폼피드, 캐리지 리턴은 원래 타자기에서 사용하는 용어이다. 타자기에서 이리 저리 움직이면서 글자를 찍는 장치를 캐리지라고 하는데, 가장 왼쪽으로 이동하여 글자를 찍기 시작하려면 왼쪽으로 미는 작업이 필요한데 이 행동을 캐리지 리턴이라고 한다.

2. print( )의 활용

다음과 같이 문자 'D-'와 함께 날짜가 바뀌게 할 수는 없을까?

D-182

'D-***'라는 문자열을 출력하기 위해서 'D-' 부분은 항상 고정된 부분이지만, 남은 날짜는 매일 바뀌어야 하는 부분이므로 변수를 이용하면 편리하다. 이러한 작업을 하기 위해서는 print( )에서 102쪽에 있는 형식 지정자를 활용하면 편리하다.

문제 2 다음 프로그램을 작성하고 실행해 보자.

🔒 **먼저 실행하기**

따라하기

```
01  print("%d" % 10)
02  print("%s" % "Hello")
03  a, b = 10, 5
04  print("%d + %d = %d" % (a, b, a+b))
```

```
05    pi = 3.1415926535
06    print("%f" % pi)
07    print("%.1f %.2f %.3f" % (pi, pi, pi))
08    name = "정보"
09    print("나의 이름은 %s입니다." % name)
10    print("나의 이름은 %s입니다." % (name+name))
11    print("나의 이름은 %s가 아니라 [%10s]입니다." % (name+name, name))
12    print("나의 이름은 %s가 아니라 [%-10s]입니다." % (name+name, name))
```

실행 결과

```
10
Hello
10+5=15
3.141593
3.1 3.14 3.142
나의 이름은 정보입니다.
나의 이름은 정보정보입니다.
나의 이름은 정보정보가 아니라 [       정보]입니다.
나의 이름은 정보정보가 아니라 [정보       ]입니다.
>>>
```

형식 지정자를 사용하면 원하는 위치에 변수의 값을 출력하고, 출력 양식을 설정할 수도 있다. 양식을 설정한 예는 '%f'와 '%.2f'의 실행 결과의 차이로 확인할 수 있다.

- 1행은 정수형 변수 하나를 출력하기 위하여 '%d'를 활용하는 예이다.
- 2행은 " " 안의 문자열을 출력하기 위하여 '%s'를 활용한다.
- 3행은 변수 a, b에 정수형 리터럴인 10, 5를 각각 대입한다.
- 4행은 '%d+%d=%d'라는 두 정수의 합을 출력하는 형식을 지정하고, 각 변수 a, b, a+b 의 값을 출력한다.
- 5행은 변수 pi에 실수형 리터럴인 3.1415926535를 대입한다.
- 6행은 실수형 변수 pi의 값을 출력하기 위하여 '%f'를 활용한다.
- 7행은 실수형 변수의 소수점 이하 자리수를 지정하여 출력하기 위하여 '%f', '%.1f', '%.2f' 등을 활용한다. 이때, '%.2f'는 소수점 이하 셋째 자리에서 반올림한 결과를 소수점 이하 둘 째 자리까지 출력한다.
- 8행은 문자형 변수 name에 문자형 리터럴인 '정보'를 대입한다.
- 9~10행은 문자형 변수 name의 값을 출력하기 위하여 '%s'를 활용하는 방법을 보여 준다.
- 11~12행은 문자열의 줄을 맞추기 위하여 '%10s', '%-10s'를 활용하는 방법이다. '%10s' 는 출력 칸을 10칸으로 확보하고, 마지막 글자를 오른쪽 끝에 맞추어 출력한다. 또한, '%-10s'는 10칸을 확보하고 첫 글자를 왼쪽부터 출력한다.

■ 형식 지정자의 종류

형식 지정자	출력 형태	형식 지정자	출력 형태
%c	단일 문자	%u	부호 없는 10진 정수
%d	10진 정수	%x	16진 정수
%s	문자열	%e	지수 형태로 표현한 실수
%f	10진 실수	%g	값에 따라 %e, %f 중 하나
%o	8진 정수	%%	"%" 기호

※C 언어의 printf( ) 함수에서 사용되는 형식 지정자와 같은 형태로 사용할 수 있다.

3. format( )을 활용한 서식 지정

파이썬에서는 format( ) 메서드를 사용하여 출력 형식을 지정할 수 있다.

문제 ③ 다음 프로그램을 작성하고 실행해 보자.

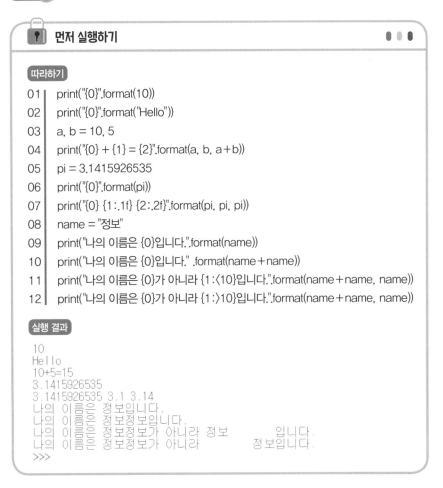

🔒 **먼저 실행하기**

따라하기

```
01  print("{0}".format(10))
02  print("{0}".format("Hello"))
03  a, b = 10, 5
04  print("{0} + {1} = {2}".format(a, b, a+b))
05  pi = 3.1415926535
06  print("{0}".format(pi))
07  print("{0} {1:.1f} {2:.2f}".format(pi, pi, pi))
08  name = "정보"
09  print("나의 이름은 {0}입니다.".format(name))
10  print("나의 이름은 {0}입니다." .format(name+name))
11  print("나의 이름은 {0}가 아니라 {1:<10}입니다.".format(name+name, name))
12  print("나의 이름은 {0}가 아니라 {1:>10}입니다.".format(name+name, name))
```

실행 결과

```
10
Hello
10+5=15
3.1415926535
3.1415926535 3.1 3.14
나의 이름은 정보입니다.
나의 이름은 정보정보입니다.
나의 이름은 정보정보가 아니라 정보        입니다.
나의 이름은 정보정보가 아니라        정보입니다.
>>>
```

형식 지정자를 활용한 것처럼 format( )을 활용하여 원하는 위치에 변수의 값을 출력할 수 있다. 다음과 같이 기본적으로 { }에 인덱스를 이용하여 원하는 변수를 지정한다.

$$\text{"\{0\} + \{1\} = \{2\}" . format(a, b, a+b)}$$

만약 {0} + {2} = {1}로 순서를 바꾸면 a, a+b, b가 대응되어 출력한다.

- 1~2행은 정수형 숫자와 문자열을 출력하는 예이다.
- 3~6행은 정수형 변수와 실수형 변수를 다루는 방법이다.
- 7행은 실수형 변수의 소수점 이하 자리수를 지정하여 출력하는 방법이다. '{0:.2f}'는 소수점 이하 셋째 자리에서 반올림한 결과를 소수점 이하 둘째 자리까지 출력한다. 앞에 "0"은 인덱스로 원하는 인덱스 값을 쓰면 된다.
- 8~12행은 문자열을 다루는 방법이다. 문자열 위치 정렬은 '{인덱스:>10}'과 같은 형태로 나타내며 '>10'은 10자리를 확보하고 오른쪽 끝에 맞춰 정렬하고, '{인덱스:<10}'은 10자리를 확보하고 왼쪽 끝에 맞춰서 출력한다.

2 input( )

input( )은 사용자가 키보드로부터 입력한 데이터를 문자형으로 읽어 들이는 역할을 한다. 읽어 들인 데이터는 변수에 저장할 수 있다.

1. input( )을 이용한 문자열 입력

문제 4 다음 프로그램을 작성하고 실행해 보자.

```
먼저 실행하기                              ● ● ●

따라하기
01 |  a = input( )
02 |  print(a)
03 |  print(a + a)
```

실행 결과
```
hello
hello
hellohello
>>>

123
123
123123
>>>
```

첫 번째 실행 결과는 문자열 "hello"를 입력한 결과이고, 두 번째 실행 결과는 "123"을 입력한 결과이다. input( ) 함수는 모든 입력 값을 문자형으로 간주하므로, 숫자를 입력하더라도 문자열로 인식한다.

- 1행은 키보드로 입력받은 문자열을 변수 a에 대입한다.
- 2행은 변수 a의 문자열을 화면에 출력한다.
- 3행은 변수 a+a이므로 문자열과 문자열을 하나로 연결하여 출력한다.

2. input( )으로 하나의 수 입력

input( ) 함수는 모든 입력을 문자형으로 처리하므로 입력받은 값을 정수로 변환하기 위해서는 형 변환 연산자를 활용한다.

문제 ⑤ 다음 프로그램을 작성하고 실행해 보자.

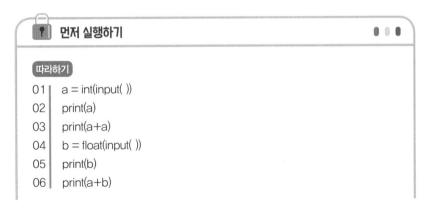

먼저 실행하기

따라하기
```
01   a = int(input( ))
02   print(a)
03   print(a+a)
04   b = float(input( ))
05   print(b)
06   print(a+b)
```

실행 결과

```
10
10
20
3.14
3.14
13.14
>>>
```

위 프로그램은 input( )을 이용하여 문자형으로 입력받은 후 int( )와 float( )와 같이 형 변환을 통해서 정수, 실수 등으로 변환하여 저장한 결과를 나타낸다.

- 1행은 키보드로 입력받은 문자열을 정수형 변수 a에 형 변환하여 대입한다.
- 2~3행은 정수의 연산 결과를 출력한다.
- 4행은 키보드로 입력받은 문자열을 실수형 변수 b에 형 변환하여 대입한다.
- 5~6행은 실수형 연산 결과를 출력한다.

3. input( )의 활용

input( )을 이용하여 한 줄에 여러 개의 값을 입력받는 방법에 대해서 알아본다.

문제 6 다음 프로그램을 작성하고 실행해 보자.

🔒 먼저 실행하기

따라하기

```
01   a, b = map(int, input( ).split( ))
02   print(a, b)
03   print(a+b)
04   c, d, e = map(float, input( ).split(","))
05   print(c, d, e)
06   print(c+d+e)
```

실행 결과

```
10 5
10 5
15
1, 2, 3.5
1.0 2.0 3.5
6.5
>>>
```

위 프로그램은 한 줄에 입력된 문자열에 있는 수들을 '공백', ',' 등의 구분자를 이용하여 분리하는 방법을 보여 준다. map( )은 문자열에 있는 값들을 주어진 구분자를 이용하여 분리하는 역할을 한다.

- 1행은 두 정수를 공백으로 분리하여 a, b에 대입한다. split( )에 값을 넣지 않으면 공백으로 구분한다.
- 2~3행은 정수 a, b의 값과 두 변수의 연산 결과를 출력한다.
- 4행은 입력값을 ','로 구분하여 입력하며, 실수형으로 변수 c, d, e에 대입(저장)한다. split (",")는 문자열을 ','로 구분하는 역할을 한다.
- 5~6행은 실수형 c, d, e의 값과 연산 결과를 출력한다.

MEMO

01 다음 문장을 하나의 print문을 이용하여 출력하려고 한다. 다음 ☐에 들어갈 값을 쓰시오.

출력

Python is fun!!
very good

프로그램

print("Python is fun!! ☐ very good")

02 "hh:mm:ss" 형식으로 시간을 입력받아서 초로 환산하여 출력하는 프로그램을 완성하시오.

예시

입력   **출력**
01:22:10   4930

※설명: 1시간 22분 10초이므로 1시간은 3600초, 22분은 60*22초, 10초를 모두 더한 값이므로 4930초를 출력
한다.

프로그램

h, m, s = map(int, input( ).split(①))
print(h * ② +m * ③ +s)

문제 번호 **1101** Hello, World! 출력하기

인사말을 출력하는 문제다.
기본 출력 명령은 print이다.
이 출력 명령으로 Hello, World!를 출력하시오.

문제 번호 **1102** Hello, World!(줄 바꿈 버전) 출력하기

1101번 문제를 다음과 같이 두 줄로 출력하시오.

Hello,
World!

'\n'은 줄을 바꾸는 제어 문자이다. 이를 활용해 보자.

문제 번호 **1103** 폴더명 출력하기

print( ) 함수를 이용하여 다음 폴더명을 출력하시오.

"Python:\test"

printf에는 특별한 제어 문자가 몇 개 있다.
큰따옴표(" ")를 출력하려면 \"를 사용하고, \를 출력하려면 \\를 사용해야 한다.

문제 번호 **1731** 특수 서식 문자 출력하기

다음 문장을 출력하시오.

special characters
[\n,\",\\] is very important.

문제 번호 **1110** 정수 그대로 출력하기

입력받은 정수를 그대로 출력하시오.
(input 명령 앞에 불필요한 안내 문구는 출력하지 않는다.)

문제번호 **1111** % 출력하기

어떤 정수가 입력되면 '%'를 붙여 출력하시오.

문제번호 **1045** 정수 두 개 입력받아 자동 계산하기

정수 두 개(a, b)를 입력받아 합, 차, 곱, 몫, 나머지, 나눈 값을 자동으로 계산하시오.
(단, 입력되는 정수 a, b의 범위는 0~2147483647이고, b는 0이 아니다.)

문제번호 **1118** 삼각형 넓이 구하기

삼각형의 넓이를 구하는 프로그램을 작성하시오.
(삼각형의 넓이 = 밑변 * 높이 / 2)

문제번호 **1027** 연월일 입력받아 형태 바꿔 출력하기

연, 월, 일을 출력하는 방법은 나라와 형식마다 조금씩 다르다. 날짜를 연, 월, 일(yyyy.mm.dd)의 형태로 입력받아 일, 월, 연(dd-mm-yyyy)의 형태로 출력하는 프로그램을 작성하시오.
(단, 한 자리 일/월은 0을 붙여 두 자리로, 연도는 0을 붙여 네 자리로 출력하시오.)

문제번호 **1122** 초를 분/초로 변환하기

초를 입력받아 분/초의 형태로 출력하시오.

예 60 ====> 1 0   (1분 0초를 뜻함)
   70 ====> 1 10   (1분 10초를 뜻함)

01 다음 중 변수 이름으로 선언하여 사용할 수 없는 것은?

① Just   ② for   ③ it
④ like   ⑤ children

02 리터럴의 종류에 대한 연결이 바른 것은?

① 논리형: 1, 0
② 정수형: 3.14, 99.77, 3.0 등
③ 실수형: 3.2+6j, 8+7j 등
④ 문자열형: "Hello", 'good!!' 등
⑤ 복소수형: 10, 7, 99 등

03 다음 프로그램의 실행 결과로 올바른 것을 고르시오.

```
a = int(input( ))
print(a**2)
```

입력
10

① 20
② 100
③ 12
④ 4
⑤ 1000

04 다음 프로그램의 실행 결과로 올바른 것을 고르시오.

```
a, b = map(int, input( ).split( ))
print(a / b)
print(a % b)
print(a // b)
```

입력
10 3

① 3.333   ② 3   ③ 3.333
  1   0   3
  3   3   3.3333

④ 3.333   ⑤ 3
  1   0
  3.333   3.333

CHAPTER 03

제어문

컴퓨터는 한 번에 하나의 명령만을 수행한다. 이러한 명령들은 일정한 순서를 갖는다. 따라서 모든 프로그램은 순서를 가진 명령의 집합이다. 그러나 이 순서가 언제나 일정한 방향으로만 흘러갈 필요는 없다. 경우에 따라 방향이 바뀔 수도 있고, 때로는 위 단계로 돌아갈 수도 있다. 이렇게 프로그램의 실행 방향을 적절하게 바꾸는 일은 프로그램의 구조를 효율적으로 만드는 데 도움이 된다.

이 단원에서는 프로그램의 흐름을 바꿀 수 있는 제어문에 대해 학습한다. 대표적인 제어문인 조건문과 반복문을 다양한 예제를 통하여 효율적으로 익힐 수 있도록 안내한다.

조건문

이번 달 용돈이 10만 원이라면 어떻게 쓸 것인가? 만약 100만 원도 넘는다면 어떻게 쓸 것인가? 100만 원이 안 된다면 또 어떻게 쓸 것인가? 조건에 따라 내가 할 일이 달라질 수 있다. 이것을 프로그램으로 표현할 수 있다. 여기에서는 다양한 형태의 조건문에 대해서 학습한다.

1 if문

if문은 조건을 만족하면 특정 명령을 실행하고, 조건을 만족하지 않으면 아무 명령도 실행하지 않는 것과 같이 프로그램의 흐름을 제어하는 명령이다.

문제 1 다음 프로그램을 작성하고 실행해 보자.

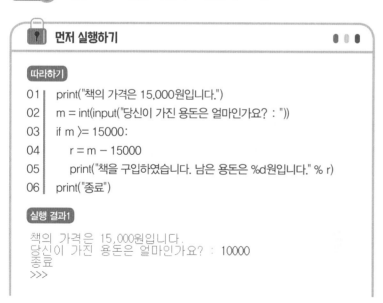

먼저 실행하기

따라하기

```
01   print("책의 가격은 15,000원입니다.")
02   m = int(input("당신이 가진 용돈은 얼마인가요? : "))
03   if m >= 15000:
04       r = m − 15000
05       print("책을 구입하였습니다. 남은 용돈은 %d원입니다." % r)
06   print("종료")
```

실행 결과1

```
책의 가격은 15,000원입니다.
당신이 가진 용돈은 얼마인가요? : 10000
종료
>>>
```

if문의 순서도

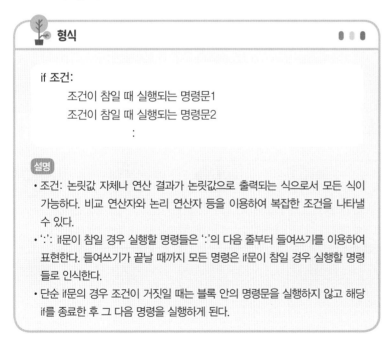

실행 결과2

```
책의 가격은 15,000원입니다.
당신이 가진 용돈은 얼마인가요? : 20000
책을 구입하였습니다. 남은 용돈은 5000원입니다.
종료
>>>
```

- 1행은 현재 상태를 설명하는 print문이다.
- 2행은 변수 m에 현재 자신이 가진 용돈을 입력받는 명령문이다. 여기서 input문을 이용할 때, input("출력할 문장")으로 표현하여 원하는 안내 문구를 출력하면서 입력을 받는다. 이러한 인터페이스는 일반적인 프로그램에서는 의미가 있지만, 코드업(CodeUp)과 같은 온라인 저지(Online Judge) 사이트에 제출할 때에는 주의해야 한다. 왜냐하면 이때 출력한 문장을 채점 서버는 출력 결과로 판단하여 잘못된 출력으로 판단할 수 있기 때문이다.
- 3~5행은 if문을 이용하여 현재 가진 용돈이 15,000원 이상이면 책을 구입하고, 남은 용돈을 계산하여 출력하는 명령을 실행한다. 이와 같이 if문은 조건을 만족할 때와 만족하지 않을 때의 실행하는 명령을 다르게 처리할 수 있는 제어문의 한 종류이다.
- 6행은 '종료'를 출력하는 print문이다.

1. if문의 형식

형식

```
if 조건:
        조건이 참일 때 실행되는 명령문1
        조건이 참일 때 실행되는 명령문2
                    :
```

설명
- 조건: 논릿값 자체나 연산 결과가 논릿값으로 출력되는 식으로서 모든 식이 가능하다. 비교 연산자와 논리 연산자 등을 이용하여 복잡한 조건을 나타낼 수 있다.
- ':': if문이 참일 경우 실행할 명령들은 ':'의 다음 줄부터 들여쓰기를 이용하여 표현한다. 들여쓰기가 끝날 때까지 모든 명령은 if문이 참일 경우 실행할 명령들로 인식한다.
- 단순 if문의 경우 조건이 거짓일 때는 블록 안의 명령문을 실행하지 않고 해당 if를 종료한 후 그 다음 명령을 실행하게 된다.

2. 조건식의 설정

if문은 조건에 따라 흐름을 제어하므로 조건 설정이 중요하다. 문제❶ 에서는 '책을 살 만한 충분한 용돈이 있다면~'의 조건 표현이 중요하다. 보통 조건 설정에는 변수와 산술 연산자를 이용한 수식, 변수들의 관계를 나타내는 비교/관계 연산자와 논리 연산자를 많이 사용한다. 이 조건을 구체적으로 표현하면 다음과 같다.

```
a >= b
a < 1000                    ◀--• 관계 연산자 사용
10 <= a and a <= 100     ◀--• 관계 연산자와 논리 연산자 사용
```

마지막 조건식과 같이 2개 이상의 관계 연산자로 구성된 비교식을 and와 같은 논리 연산자로 묶어서 논리식으로 만들 수도 있다. 이와 같이 if문에는 다양한 형태의 조건식을 설정하여 활용할 수 있다.

2 if~else문

if~else문은 조건이 참일 경우 if문의 ":" 이후의 들여쓰기 한 부분이 실행되고, 만족하지 않을 경우 else의 ":" 이후의 들여쓰기 한 부분이 실행된다. 조건식이 복잡한 경우에는 if문을 중첩하여 사용할 수도 있다.

문제❷ if~else문을 사용하면 조건이 참이나 거짓에 따라 각기 다른 명령이 실행된다. 다음 프로그램을 작성하고 실행해 보자.

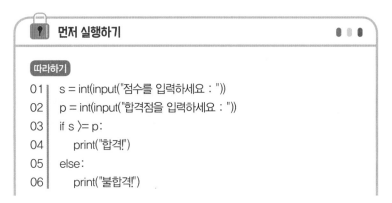

🔓 **먼저 실행하기**

따라하기

```
01   s = int(input("점수를 입력하세요 : "))
02   p = int(input("합격점을 입력하세요 : "))
03   if s >= p:
04       print("합격!")
05   else:
06       print("불합격!")
```

- 1행은 변수 s로 점수를 입력받는다. 이때 입력문은 입력 안내 문구를 " " 안에 문자열로 표현하여 입력 설명을 출력한다.
- 2행은 변수 p로 합격점을 입력받는다. 1행과 마찬가지로 입력 안내 문구를 포함한다.
- 3행은 합격 조건식을 's >= p'로 설정하고 있다.
- 4행은 3행에서 합격 조건을 만족할 경우 출력할 문자열을 print문을 이용하여 출력한다.
- 5행은 합격 조건을 만족하지 않을 경우 출력할 문자열을 print문을 이용하여 출력한다.

1. if~else문의 형식

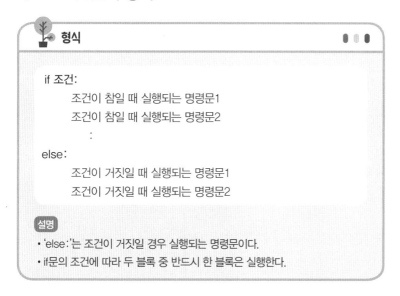

형식

```
if 조건:
        조건이 참일 때 실행되는 명령문1
        조건이 참일 때 실행되는 명령문2
             :
else:
        조건이 거짓일 때 실행되는 명령문1
        조건이 거짓일 때 실행되는 명령문2
```

설명
- 'else:'는 조건이 거짓일 경우 실행되는 명령문이다.
- if문의 조건에 따라 두 블록 중 반드시 한 블록은 실행한다.

if문은 조건이 거짓일 경우 아무 명령도 실행하지 않는다. 문제 1 에서 만약 내가 가진 돈이 책값보다 적어 책을 구입할 수 없을 경우에도 메시지를 출력하고자 한다면 if문에 else절을 추가하여 거짓일 때 실행할 명령문을 넣도록 한다.

문제 ① 의 3~6행을 다음과 같이 바꾼다.

```
03    if m >= 15000:
04        print("책을 구입한다.")          ◄---• 조건이 만족할 때 수행
05    else:
06        print("책을 구입하지 못한다.")     ◄---• 조건이 만족하지 않을 때 수행
```

위와 같이 사용한 if~else문을 다음과 같이 C 언어에서의 삼항 연산자를 사용한 것처럼 간단하게 표현할 수 있다.

print("책을 구입한다." if m >= 15000 else "책을 구입하지 못한다.")

※ 삼항 연산자 형식
print(참일 때 출력할 내용 if 조건 else 거짓일 때 출력할 내용)

2. 중첩 if문

프로그래밍 작업을 하다 보면 아주 복잡한 조건을 처리해야 하는 경우가 많다. 이때 if문을 여러 번 중첩하여 사용할 수 있다.

문제 ③ 다음 프로그램을 작성하고 실행해 보자.

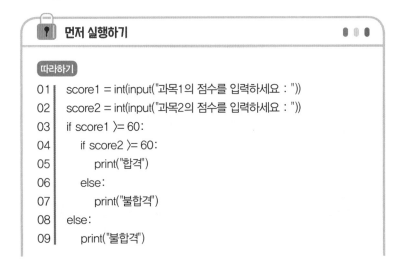

```
🔒 먼저 실행하기

따라하기
01    score1 = int(input("과목1의 점수를 입력하세요 : "))
02    score2 = int(input("과목2의 점수를 입력하세요 : "))
03    if score1 >= 60:
04        if score2 >= 60:
05            print("합격")
06        else:
07            print("불합격")
08    else:
09        print("불합격")
```

과목1의 점수를 입력하세요 : 70
과목2의 점수를 입력하세요 : 90
합격
>>>

실행 결과2

과목1의 점수를 입력하세요 : 70
과목2의 점수를 입력하세요 : 50
불합격
>>>

실행 결과3

과목1의 점수를 입력하세요 : 50
과목2의 점수를 입력하세요 : 60
불합격
>>>

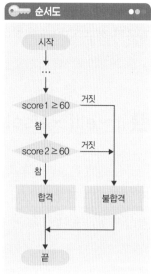

순서도

if문 안에 또 다른 if문은 조건 상황에 따라 필요한 만큼 더 만들어서 사용할 수 있으며, else절 안에서도 if문을 사용할 수 있다.

- 1, 2행은 두 과목의 점수를 입력받는 input문이다.
- 3행에서 if문의 조건인 과목1의 점수가 60점 이상이면 4행의 if문을 다시 실행하고, 과목1의 점수가 60점 미만이면 8행의 else절을 실행한다. 만약 2과목 중 한 과목이라도 60점 미만이면 불합격이기 때문에 이와 같은 조건식을 구성할 수 있다.
- 4행의 조건식을 통하여 과목2의 점수가 60점 이상이면 두 과목 모두 60점 이상이므로 5행의 "합격"을 출력하고 끝나며, 60점 미만일 경우 한 과목이 60점 미만이므로 7행의 "불합격"을 출력하고 프로그램을 종료한다.

■ 논리 연산자의 활용

and, or, not과 같은 논리 연산자를 이용하여 문제 3 에서 3~9행의 코드를 다음과 같이 바꾸어 표현할 수도 있다.

```
03  if score1 >= 60 and score2 >= 60:
04      print("합격")
05  else:
06      print("불합격")
```

과목1의 점수가 60점 이상이고, 과목2의 점수가 60점 이상이면 4행의 "합격"을 출력하고, 한 과목의 점수가 60점 미만이거나 두 과목의 점수가 60점 미만이면 6행의 "불합격"을 출력한다.

③ if~elif~else문

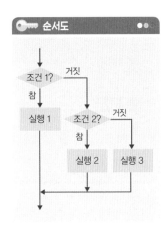

if~else문은 한 개의 조건만 참인지 거짓인지를 구분하여 두 가지 결과를 나타내지만, if~elif~else문은 조건에 따른 결과를 세 가지 이상 나타내야 할 때 사용하면 좋다.

문제 ④ 한 과목의 점수를 입력받아 여러 개의 조건으로 'A', 'B', 'C', 'D', 'E'와 같이 점수별로 결과를 출력할 수 있다. 다음 프로그램을 작성하고 실행해 보자.

🔒 **먼저 실행하기** ● ● ●

따라하기

```
01  score = int(input("과목의 점수를 입력하세요 : "))
02  if score >= 90:
03      print("A")
04  elif score >= 80:
05      print("B")
06  elif score >= 70:
07      print("C")
08  elif score >= 60:
09      print("D")
10  else:
11      print("E")
```

실행 결과1
```
과목의 점수를 입력하세요 : 98
A
>>>
```

실행 결과2
```
과목의 점수를 입력하세요 : 70
C
>>>
```

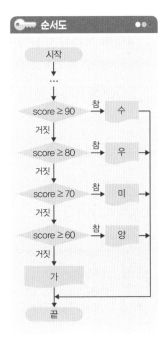

과목의 점수를 입력하세요 : 59
E
>>>

- 1행은 한 과목의 점수를 입력받는 input문이다.
- 2~11행은 if 조건 elif 조건…을 이용하여 각 점수별로 해당되는 내용을 출력하기 위한 문장이다.

1. if~elif~else문의 형식

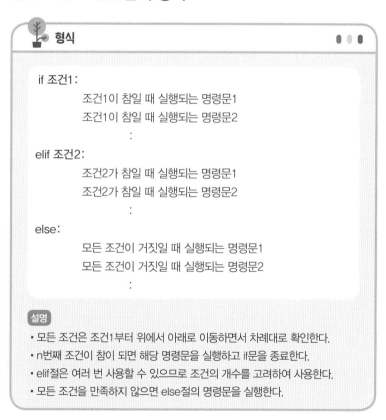

형식

```
if 조건1:
        조건1이 참일 때 실행되는 명령문1
        조건1이 참일 때 실행되는 명령문2
                :
elif 조건2:
        조건2가 참일 때 실행되는 명령문1
        조건2가 참일 때 실행되는 명령문2
                :
else:
        모든 조건이 거짓일 때 실행되는 명령문1
        모든 조건이 거짓일 때 실행되는 명령문2
                :
```

설명
- 모든 조건은 조건1부터 위에서 아래로 이동하면서 차례대로 확인한다.
- n번째 조건이 참이 되면 해당 명령문을 실행하고 if문을 종료한다.
- elif절은 여러 번 사용할 수 있으므로 조건의 개수를 고려하여 사용한다.
- 모든 조건을 만족하지 않으면 else절의 명령문을 실행한다.

질문있어요!

Q 혹시 elif절에 조건이 부족하지 않나요? 점수 분포가 80~89점이 "B"인데 왜 조건에는 80만 표시하였나요? 다음과 같이 고쳐야 하지 않을까요?

```
01 │ elif score >= 80 and score < 90:
02 │    print("B")
```

A 아닙니다. 필요 없습니다. if∼elif∼else와 같은 구조에서 조건은 위에서부터 아래로 내려가면서 차례대로 확인합니다. 90점 이상은 이미 이전의 조건에서 확인했기 때문에 굳이 넣을 필요가 없습니다. 이 조건을 확인한다는 자체가 이미 90점 미만이라는 것입니다.

2. if∼elif∼else문과 논리 연산자의 활용

if문과 논리 연산자를 이용하면 복잡한 문제를 더 쉽게 해결할 수 있다.

문제 5 다음 프로그램을 작성하고 실행해 보자.

🔒 먼저 실행하기 ● ● ● ●

따라하기

```
01 │ s1, s2, s3 = map(int, input("세 점수를 공백으로 구분하여 입력하세요. : ").split( ))
02 │ if s1 >= s2 and s1 >= s3:
03 │    print(s1)
04 │ elif s2 >= s1 and s2 >= s3:
05 │    print(s2)
06 │ else:
07 │    print(s3)
```

실행 결과1

```
세 점수를 공백으로 구분하여 입력하세요. : 90 80 70
90
>>>
```

실행 결과2

```
세 점수를 공백으로 구분하여 입력하세요. : 80 90 70
90
>>>
```

실행 결과3

```
세 점수를 공백으로 구분하여 입력하세요. : 70 80 90
90
>>>
```

- 1행은 map( )을 이용하여 한 줄에 여러 개의 값을 분리하여 입력받는 방법을 표현하고 있다. 앞으로도 이러한 입력 처리가 많으므로 익혀 두면 편리하다.
- 2~7행은 세 개의 수 중 가장 큰 값을 찾기 위해 처음엔 s1이 가장 큰 경우의 조건식을 만들고, 다음엔 s2가 가장 큰 경우의 조건식을 만든다. 앞의 두 경우가 아니면 s3이 가장 큰 값이 되도록 조건1, 2를 이용하여 문제를 해결하고 있다.

문제 ⑥ 영문자 한 글자를 입력하면 조건 중 참인 부분으로 이동하여 명령을 실행하고, if문을 빠져 나오도록 한다. 다음 프로그램을 작성하고 실행해 보자.

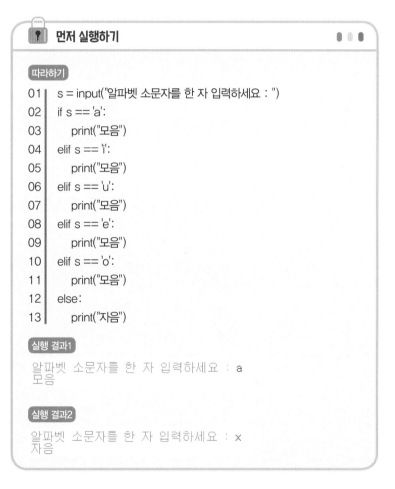

먼저 실행하기

따라하기
```
01  s = input("알파벳 소문자를 한 자 입력하세요 : ")
02  if s == 'a':
03      print("모음")
04  elif s == 'i':
05      print("모음")
06  elif s == 'u':
07      print("모음")
08  elif s == 'e':
09      print("모음")
10  elif s == 'o':
11      print("모음")
12  else:
13      print("자음")
```

실행 결과1
```
알파벳 소문자를 한 자 입력하세요 : a
모음
```

실행 결과2
```
알파벳 소문자를 한 자 입력하세요 : x
자음
```

- 1행은 s로 문자열을 입력받는다. 이때, input( )문은 입력 값을 문자열형을 반환하므로 따로 자료형의 변환 없이 바로 처리할 수 있다.
- 2~11행은 '모음'에 해당되는 각 조건을 if~elif문을 여러 번 반복하여 처리한다. 이 부분을 다음과 같이 논리 연산자 'or'를 활용하여 처리하면 프로그램 길이도 줄일 수 있다.

```
02   if s == 'a' or s == 'i' or s == 'u' or s == 'e' or s == 'o':
03       print("모음")
04   else:
05       print("자음")
```

• 12~13행은 else절을 활용하여 위의 모든 조건을 만족하지 않을 경우 즉, "자음"을 처리하는 부분이다.

MEMO

01 다음은 if문을 삼항 연산자를 이용하여 표현한 것이다. _____ 부분에 알맞은 코드를 작성하시오.

프로그램

```
a, b = map(int, input( ).split( ))
if a > b:
    print("합격!")
else:
    print("실패!")
```

```
print("합격!" _____ "실패!")
```

02 다음은 1부터 10까지의 자연수를 입력받아서 1st, 2nd, 3rd, 4th, 5th, 6th, … 10th를 출력하는 프로그램을 if~elif~else문을 이용하여 작성했다. _____ 부분에 알맞은 코드를 작성하시오.

프로그램

```
if a == 1:
    print("1st")
elif a == 2:
    print("2nd")
elif a == 3:
    print("3rd")
else:
    print("%dth" _____ )
```

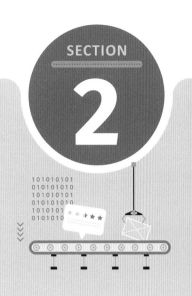

SECTION 2 반복문

같은 의미를 가진 명령들을 10번이고 100번이고 반복해서 나열하는 것은 매우 비효율적이다. 그러나 컴퓨터는 융통성이 있어서 특정 명령을 반복해서 수행하는 명령문이 있다. 여기에서는 다양한 형태의 반복문에 대해 학습한다.

1 while문

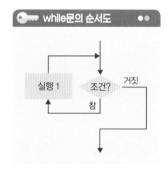

while문의 순서도

while문은 if문의 구조와 마찬가지로 조건이 참이면 while문이 포함하는 명령들을 실행한다. if문과의 차이점은 조건이 참일 동안 계속 반복해서 실행한다는 점이다.

문제 1 while문을 이용한 프로그램을 작성하고 실행해 보자.

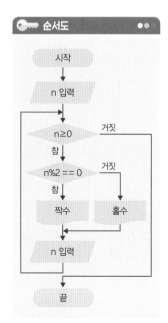

순서도

🔒 먼저 실행하기

따라하기
```
01  n = int(input( ))
02  while n >= 0:
03      if n%2 == 0:
04          print("짝수")
05      else:
06          print("홀수")
07      n = int(input( ))
```

실행 결과
```
7
홀수
8
짝수
-1
```

while문은 if문과 마찬가지로 조건이 참이면 해당 블록을 실행하고, 거짓이면 해당 블록을 실행하지 않고 while문을 종료한다.

- 1행은 n으로 값을 입력받는다. 이때, 정수형으로 처리하기 위해 int( )를 추가한다.
- 2행의 while문은 n의 값이 0 이상이면 반복 조건이 참이 되어 홀수, 아니면 짝수를 판단하는 3~7행을 반복하여 실행한다.

■ while문의 형식

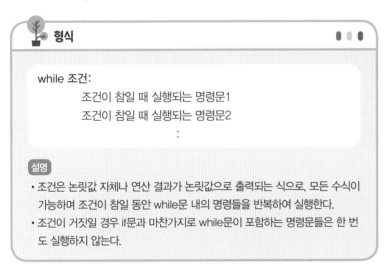

형식

```
while 조건:
        조건이 참일 때 실행되는 명령문1
        조건이 참일 때 실행되는 명령문2
                      :
```

설명
- 조건은 논릿값 자체나 연산 결과가 논릿값으로 출력되는 식으로, 모든 수식이 가능하며 조건이 참일 동안 while문 내의 명령들을 반복하여 실행한다.
- 조건이 거짓일 경우 if문과 마찬가지로 while문이 포함하는 명령문들은 한 번도 실행하지 않는다.

- 3~6행은 입력받은 수 n이 짝수인지 홀수인지를 판단하는 if문이다. 어떤 수를 2로 나눈 나머지가 0이면 2의 배수가 되므로 짝수라고 판단하고, 그렇지 않은 경우를 홀수라고 판단한다.

입력된 수	2로 나눈 나머지	판별
1	1	홀수
2	0	짝수
3	1	홀수
4	0	짝수
:	:	:

- 7행에서 0 미만의 수가 입력되면 조건이 거짓이므로, while문 내의 블록을 실행하지 않고 프로그램을 종료한다.

② for문

for문은 while문과 같은 반복문으로 원리는 같지만 표현 방법이 다르다. while문은 반복 조건만 확인하지만, for문은 반복 조건을 포함하여 시작값과 증감식값 등 두 가지 요소를 더 넣을 수 있다.

문제 ② for문을 이용하여 초깃값과 조건에 따라 숫자를 출력할 수 있다. 다음 프로그램을 작성하고 실행해 보자.

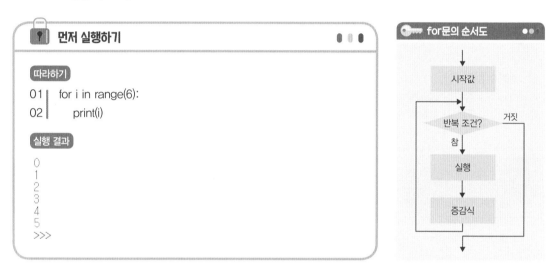

먼저 실행하기

따라하기
```
01  for i in range(6):
02      print(i)
```

실행 결과
```
0
1
2
3
4
5
>>>
```

for문의 순서도

위 프로그램은 i 값이 0부터 5까지 1씩 증가하면서 변화되는 i 값을 6번 반복하며 출력한다.

• 1행은 range( )에서 지정한 영역의 값을 for문으로 반복하고, 반복할 때마다 1씩 증가하는 값을 변수 i에 할당한다.
• 2행은 for문에 속한 명령문으로 지정된 i값을 출력한다.

■ range( )

range( )는 지정된 수열을 생성하는 함수로 다음과 같은 형식으로 활용할 수 있다. 생성된 수열을 활용하여 for문으로 활용한다.
• range(x): 0부터 x−1까지 1씩 증가하는 수열을 생성한다.
  예 range(5) = 0, 1, 2, 3, 4
• range(a, b): a부터 b−1까지 1씩 증가하는 수열을 생성한다.

예 range(5, 10) = 5, 6, 7, 8, 9

• range(a, b, c): a부터 b−1까지 c씩 증가하는 수열을 생성한다.

예 range(5, 10, 2) = 5, 7, 9

예 range(10, 1, −2) = 10, 8, 6, 4, 2

문제 3 for문을 활용하여 반복적인 계산을 쉽게 할 수 있다. 다음 프로그램을 작성하고 실행해 보자.

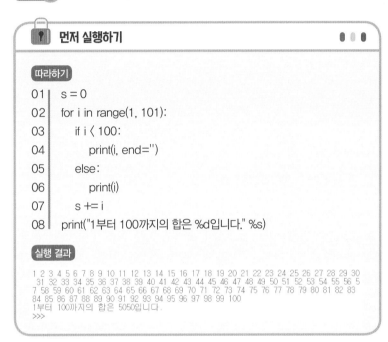

🔒 먼저 실행하기

따라하기

```
01    s = 0
02    for i in range(1, 101):
03        if i < 100:
04            print(i, end='')
05        else:
06            print(i)
07        s += i
08    print("1부터 100까지의 합은 %d입니다." %s)
```

실행 결과

1 2 3 4 5 6 7 8 9 10 11 12 13 14 15 16 17 18 19 20 21 22 23 24 25 26 27 28 29 30
31 32 33 34 35 36 37 38 39 40 41 42 43 44 45 46 47 48 49 50 51 52 53 54 55 56 5
7 58 59 60 61 62 63 64 65 66 67 68 69 70 71 72 73 74 75 76 77 78 79 80 81 82 83
84 85 86 87 88 89 90 91 92 93 94 95 96 97 98 99 100
1부터 100까지의 합은 5050입니다.
>>>

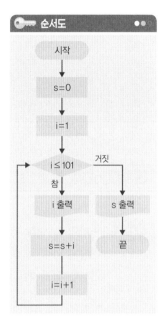

순서도

시작
↓
s=0
↓
i=1
↓
i≤101 ─거짓→ s 출력
↓참   ↓
i 출력   끝
↓
s=s+i
↓
i=i+1

위 프로그램은 1부터 100까지 1씩 증가하면서 각 수를 출력하고, 전체 합을 구해 마지막 print문에 있는 형식에 맞추어 출력한다.

• 1행은 합을 누적할 변수를 s로 선언하고, 0으로 초기화 한다.
• 2행은 for문과 range( ) 함수에 의하여 변수 i에는 1부터 100까지의 수들이 1씩 증가하면서 대입되는 작업을 반복한다.
• 3~4행은 변수 i의 값을 모두 출력한다. 3행의 end=''는 print( ) 함수 마지막에 줄 바꿈을 하지 않고, 한 칸 공백으로 띄우라는 의미이다.
• 5~6행은 i의 값이 100일 때에는 if문의 조건이 만족하지 않으므로 else절의 print(i)를 실행하므로 i의 값을 출력한 후 줄을 바꾼다.
• 7행은 변화되는 i값들을 모두 s에 누적한다. 따라서 s는 1부터 100까지의 합을 저장한다. 값의 누적은 다음 표와 같이 이루어진다.

i	s = s + i	결괏값	의미
1	s = 0 + 1	1	1
2	s = 1 + 2	3	1 + 2
3	s = 3 + 3	6	1 + 2 + 3
4	s = 6 + 4	10	1 + 2 + 3 + 4
5	s = 10 + 5	15	1 + 2 + 3 + 4 + 5
6	s = 15 + 6	21	1 + 2 + 3 + 4 + 5 + 6
:	:	:	:
100	s = 4950 + 100	5050	1 + 2 + 3 + 4 + ⋯ + 99 + 100

위와 같이 반복문을 활용하면 다양한 식을 편리하게 계산하는 데 활용할 수 있다.

• 8행은 for문을 벗어난 후 합, 즉 s의 값을 출력한다.

문제 4 숫자와 합계를 구하는 프로그램을 변형하여 '*'를 100개 출력해 보자. 이런 반복적인 작업은
대부분 for문을 이용하여 처리할 수 있다. for문 안의 출력문에서 i를 출력하는 대신 '*'를 출
력하면 쉽게 해결할 수 있다.

위 프로그램은 "*"를 100개 연속으로 출력한다.

• 1행은 변수 i를 1부터 100까지 1씩 증가하면서 2행을 100번 반복한다.
• 2행의 end=''를 이용하면 줄을 바꾸지 않고 문자를 연이어 출력할 수 있다.

1. 중첩 for문

기본적으로 for문 안의 블록은 반복의 대상이 되는데, 블록 안에 for문이 또 들어감으로써 반복 작업이 이중으로 일어나는 구조이다. 이러한 구조를 '중첩 for문'이라고 한다.

문제 ⑤ 하나의 for문 안에 또 다른 for문을 포함시켜서 실행하는 다음 프로그램을 작성하고 실행해 보자.

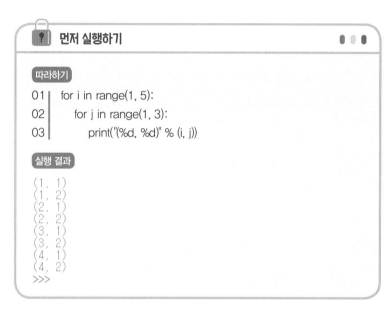

```
🔒 먼저 실행하기

따라하기
01    for i in range(1, 5):
02        for j in range(1, 3):
03            print("(%d, %d)" % (i, j))

실행 결과
(1, 1)
(1, 2)
(2, 1)
(2, 2)
(3, 1)
(3, 2)
(4, 1)
(4, 2)
>>>
```

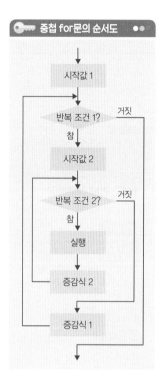

중첩 for문의 순서도

위 프로그램은 1, 1~4, 2까지의 순서쌍을 반복 순서에 맞도록 출력하는 프로그램으로 중첩 for문을 이해하는 데 도움이 된다.

- 1행은 i값을 1부터 4까지 1씩 증가하면서 2~3행을 반복한다.
- 2행은 j값을 1부터 2까지 1씩 증가하면서 3행을 반복한다.
- 3행은 다음과 같은 구조로 반복되므로 전체 실행 결과와 같은 순서쌍을 출력한다.

i의 값 \ j의 값	1	2
1	1, 1	1, 2
2	2, 1	2, 2
3	3, 1	3, 2
4	4, 1	4, 2

• 만약 2행의 range(1, 3)을 range(1, i)로 바꾸면 순서쌍은 다음과 같다.

i의 값 \ j의 값	1	2	3	4
1				
2	2, 1			
3	3, 1	3, 2		
4	4, 1	4, 2	4, 3	

문제 ⑥ 하나의 for문 안에 또 다른 for문을 포함시켜서 하나의 구구단을 모두 계산한 후 다음 단으로 넘어 가면서 2~9까지의 구구단을 완성해 보자. 다음 프로그램을 작성하고 실행해 보자.

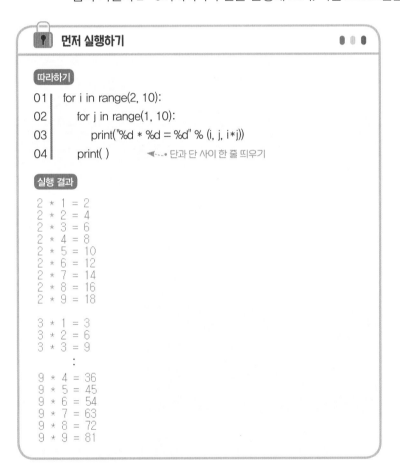

먼저 실행하기

따라하기

```
01 for i in range(2, 10):
02     for j in range(1, 10):
03         print("%d * %d = %d" % (i, j, i*j))
04     print( )          ◀--• 단과 단 사이 한 줄 띄우기
```

실행 결과

```
2 * 1 = 2
2 * 2 = 4
2 * 3 = 6
2 * 4 = 8
2 * 5 = 10
2 * 6 = 12
2 * 7 = 14
2 * 8 = 16
2 * 9 = 18

3 * 1 = 3
3 * 2 = 6
3 * 3 = 9
        :
9 * 4 = 36
9 * 5 = 45
9 * 6 = 54
9 * 7 = 63
9 * 8 = 72
9 * 9 = 81
```

위 프로그램은 구구단을 2단부터 9단까지 형식에 맞춰서 출력한다.

• 1행은 각 단을 나타내는 부분으로 i값을 2부터 9까지 1씩 증가하면서 2~4행을 반복한다. 이 부분이 2단~9단을 의미한다.

- 2행은 각 단에서 1부터 9까지의 곱을 구하기 위한 부분으로 j값을 1부터 9까지 1씩 증가하면서 3~4행을 반복한다.
- 3행은 구구단 형식에 맞춰서 한 줄에 하나의 식을 출력한다.
- 4행은 각 단 사이에 빈줄을 하나씩 출력하기 위해서 print( )문을 활용한다.

문제 7 for문을 이용하면 재미있는 텍스트 도형을 만들 수 있다. 다음 프로그램을 작성하고 실행해 보자.

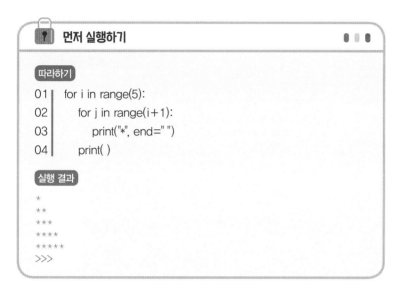

먼저 실행하기

따라하기
```
01  for i in range(5):
02      for j in range(i+1):
03          print("*", end=" ")
04      print( )
```

실행 결과
```
*
**
***
****
*****
>>>
```

위 프로그램은 각 줄에 '＊'로 이루어진 문자를 하나씩 늘려가면서 삼각형 모양의 패턴을 출력한다.

- 1행은 2~4행을 반복하며 각 행에서 반복되는 i, j의 값은 다음 표와 같다.

i	j의 범위 (i+1보다 1작은 값)	출력되는 값
0	0(1회 반복)	*
1	0, 1(2회 반복)	**
2	0, 1, 2(3회 반복)	***
3	0, 1, 2, 3(4회 반복)	****
4	0, 1, 2, 3, 4(5회 반복)	*****

- 2~3행은 위 값에 따라 '＊'로 이루어진 도형을 한 줄에 j의 반복 횟수만큼 출력한다.
- 4행은 각 줄에 대한 출력이 끝나면 줄을 바꿔 주는 역할을 한다.

2. break문과 continue문

break는 해당 반복 실행 블록을 빠져나갈 때 사용하고, continue는 반복 실행 구조의 처음으로 이동해서 다음 반복을 실행시킬 때 사용한다.

문제 8 다음 프로그램을 작성하고 실행해 보자.

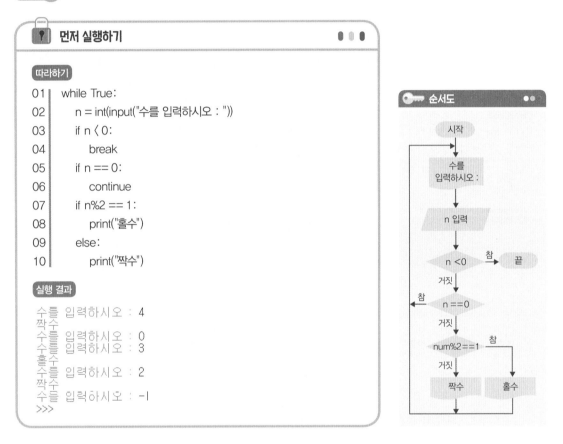

위 프로그램을 실행하면 입력한 숫자가 양수일 때 홀수/짝수를 판별하여 출력하고, 0이면 다시 값을 입력받고, 음수이면 프로그램을 종료한다.

- 1행은 항상 참이므로 while문을 무한 반복한다.
- 2행은 원하는 수를 하나 입력받는다.
- 3~4행은 n값이 음수가 입력될 경우에 대한 처리로, break문에 의해 무한 반복하고 있는 whlie문을 벗어나 프로그램을 종료한다. 이와 같이 break문을 활용하면 반복 조건에 관계없이 반복문을 벗어날 수 있다.
- 5~6행은 n의 값이 0이 입력될 경우 continue문에 의해 while문으로 복귀한다. 따라서 아

무런 출력 값이 없도록 한다. 이와 같이 continue문은 이후의 명령을 무시하고, 다시 반복
작업을 할 수 있도록 한다.

• 7~10행은 n의 값이 홀수인지 짝수인지 2로 나눈 나머지 값을 이용하여 판별한 후 그 결과
를 출력한다.

MEMO

01 다음은 while문을 이용하여 1~1000 사이에서 3의 배수 합을 구하는 프로그램이다. for문
을 이용하여 완성하시오.

프로그램

```
sum = 0
k = 1
while k <= 1000:
  if k%3 == 0:
    sum += k
  k += 1
print(sum)
```

⬇

```
sum = 0
for k in _____ :
_____
_____
print(sum)
```

02 중첩 for문을 이용하여 다음과 같은 텍스트 도형을 출력하는 프로그램을 작성하시오.

출력

```
*****
****
***
**
*
```

문제번호 **1152** 10보다 작은 수 출력하기

10보다 작은 정수가 입력되면 "small"을 출력하고, 그 이상의 수가 입력되면 "big"을 출력하는 프로그램을 작성하시오.

문제번호 **1154** 큰 수 – 작은 수

정수 두 개가 입력으로 들어오면 '큰 수 – 작은 수'를 뺀 값을 출력하는 프로그램을 작성하시오.

문제번호 **1155** 7의 배수

어떤 정수가 입력되면 그 수가 7의 배수인지 확인하는 프로그램을 작성하시오.

문제번호 **1157** 특별한 공 던지기 1

슬기는 체육 선생님과 공 던지기로 아이스크림 내기를 하게 되었다. 공을 던져서 50~60m 사이에 들어가면 슬기가 이기고, 그 외의 곳에 공이 떨어지면 체육 선생님이 이기게 규칙을 정했다.
슬기가 던진 공의 위치가 입력으로 주어지면 50 이상 60 이하일 때 'win'을 출력, 그 외에는 'lose'를 출력하시오.

문제번호 **1202** 등급 판정

시험 점수가 입력되면 다음과 같이 그에 맞는 등급을 출력하시오.

등급 기준
90점 이상: A
80점 이상: B
70점 이상: C
60점 이상: D
60점 미만: F

1252 1부터 n까지 출력하기

어떤 수 n을 입력받아 1부터 n까지의 숫자를 출력하시오.

 1260 3의 배수의 합 출력하기

어떤 수 a, b가 주어진다.
a와 b의 관계는 a <= b이다.
a에서 b까지의 수 중 3의 배수의 합을 출력하시오.

 1080 언제까지 더해야 할까?

1, 2, 3…을 계속 더해 나갈 때, 그 합이 입력한 정수보다 같거나 작을 때까지 계속 합하는 프로그램을 작성하시오. (즉, 1부터 n까지 정수를 계속 합해 간다고 할 때, 어디까지 합해야 같거나 넘어서는지 알아보려는 문제이다.)

 1353 삼각형 출력하기 1

n이 입력되면 다음과 같은 삼각형을 출력하시오.

예 n이 5이면
```
*
**
***
****
*****
```

 1081 주사위를 2개 던지면?

하나는 1부터 n까지, 다른 하나는 1부터 m까지 숫자가 적힌 서로 다른 색의 주사위 2개를 던졌을 때 나올 수 있는 모든 경우의 수를 출력하시오.

01 다음 중 흐름을 제어하는 명령문을 모두 고르시오.

① if   ② while   ③ print
④ for   ⑤ input

02 다음 프로그램의 실행 결과로 옳은 것은?

```
a, b, c = 7, 5, 10
if a > b:
  m = a
else:
  m = b
if c > m:
  m = c
else:
  m = m
print(m)
```

① 0   ② 5   ③ 7
④ 10   ⑤ 15

03 다음 프로그램의 실행 결과로 옳은 것은?

```
score = 75
score = score //10
if score == 9:
  print("A")
elif score == 8:
  print("B")
elif score == 7:
  print("C")
elif score == 6:
  print("D")
else:
  print("F")
```

① A   ② B   ③ C   ④ D   ⑤ F

04 다음 프로그램의 실행 결과로 옳은 것은?

```
sum = 0
for i in range(1, 101):
  if i%2 == 0:
    sum += i
print(sum)
```

① 1부터 100까지의 합
② 1부터 100까지의 홀수의 합
③ 1부터 100까지의 짝수의 합
④ 1부터 100까지의 수를 2로 나눈 나머지의 합
⑤ 1부터 101까지의 합

05 다음 프로그램의 실행 결과로 옳은 것은?

```
a, b = map(int, input( ).split( ))
for i in range(1, min(a, b)+1):
  if a%i == 0 and b%i == 0:
    c = i
print(c)
```

① a, b의 최대공약수
② a, b의 최소공배수
③ a, b의 약수 개수의 합
④ a, b 중 작은 수 약수의 합
⑤ 1부터 a, b 중 작은 수까지의 합

리스트와 함수

💬 프로그래밍을 통해 해결해야 하는 문제들은 대부분 일상생활 속에서 만나는 문제이다. 따라서 세상의 모습을 왜곡하지 않고 컴퓨터 내부에 저장하고, 효율적으로 처리하기 위한 방법이 필요한데 그것이 바로 리스트와 함수이다. 이 단원에서는 동일한 변수 여러 개를 효율적으로 관리하기 위해 활용하는 리스트에 대해 안내하고, 함수를 이용하여 프로그램을 작성하는 방법을 다양한 예제를 통하여 소개한다.

리스트

리스트는 말 그 자체로 목록을 의미한다. 리스트를 사용하면, 데이터들을 순서대로 저장해서 편리하게 사용할 수 있게 도와준다. 여기에서는 리스트를 활용하는 프로그램에 대해서 학습한다.

1 리스트의 구성

리스트는 종류가 같은 여러 개의 데이터를 처리하기 쉽게 나열한 자료 구조를 말한다. 리스트는 이름과 위치를 이용하여 쉽게 활용할 수 있다.

문제 1 리스트를 이용하면 리스트 이름과 참조 번호(index)를 사용하여 편리하게 값을 읽거나 쓸 수 있다. 다음 프로그램을 작성하고 실행해 보자.

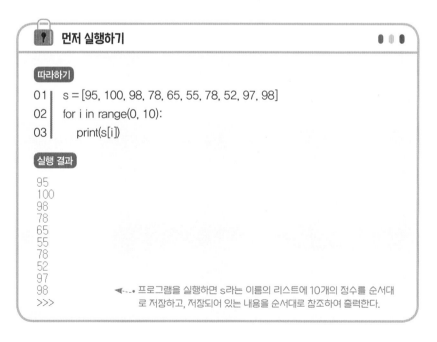

🔒 **먼저 실행하기**   ● ● ●

따라하기
```
01  s = [95, 100, 98, 78, 65, 55, 78, 52, 97, 98]
02  for i in range(0, 10):
03      print(s[i])
```

실행 결과
```
95
100
98
78
65
55
78
52
97
98
>>>
```
◀┈• 프로그램을 실행하면 s라는 이름의 리스트에 10개의 정수를 순서대로 저장하고, 저장되어 있는 내용을 순서대로 참조하여 출력한다.

- 1행은 s라는 이름으로 10개의 정수를 가지는 리스트를 생성한다. 리스트의 각 값은 다음과 같은 10개의 변수로 활용할 수 있다.

95	100	98	78	65	55	78	52	97	98
s[0]	s[1]	s[2]	s[3]	s[4]	s[5]	s[6]	s[7]	s[8]	s[9]

- 2~3행은 반복문을 활용하여 리스트 s의 각 값을 참조하여 출력한다.
- 2행에서 range(0, 10)은 0, 1, 2, …, 7, 8, 9로 만들어진 리스트를 의미하며, 그렇게 만들어진 각 값을 변수 i에 한 번에 하나씩 저장시켜 명령문을 실행시킨다.

1. 리스트의 구조

s라는 이름으로 리스트를 생성하면 다음과 같이 각 위치에 대한 변수명을 가지는 형태로 리스트 구조가 만들어진다.

s[0]	s[1]	s[2]	s[[3]	s[4]	s[5]	s[6]	s[7]	s[8]	…

2. 리스트의 초기화

```
s = [1, 2, 3, … ]
리스트의 이름 = [자료1, 자료2, …]
```

만약 리스트를 활용하지 않는다면 s1, s2, s3,…, s10과 같이 10개의 변수를 일일이 만들어서 활용해야 하고, 각각 저장된 값을 출력할 때에도 반복문을 활용하기 어렵다. 이와 같이 리스트를 반복문과 함께 활용하면 더 효율적으로 프로그램을 작성할 수 있다.

문제 2 다음과 같이 리스트의 각 값을 순차적으로 읽어 출력할 수 있다. 프로그램을 작성하고 실행해 보자.

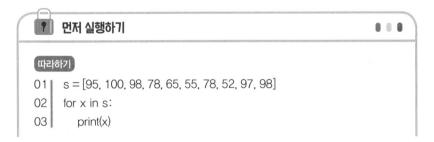

```
01   s = [95, 100, 98, 78, 65, 55, 78, 52, 97, 98]
02   for x in s:
03       print(x)
```

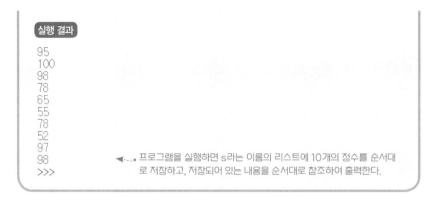

95
100
98
78
65
55
78
52
97
98
>>>

◀┅┅ 프로그램을 실행하면 s라는 이름의 리스트에 10개의 정수를 순서대
로 저장하고, 저장되어 있는 내용을 순서대로 참조하여 출력한다.

- 1행은 10개의 정수를 가지는 리스트 s를 생성한 후 95, 100, 98, 78, 65, 55, 78, 52, 97, 98의 값으로 초기화한다.
- 2행은 리스트 s로부터 첫 번째 값(s[0])부터 순차적으로 각 값을 변수 x로 읽어 들인다. 리스트와 같은 자료형에서는 range( ) 함수를 활용하지 않고도 반복문으로 직접 접근하여 활용할 수 있으므로 다양한 형태로 응용할 수 있다.
- 3행은 각 리스트의 값인 x를 한 줄에 하나씩 출력한다.

문제 3 다음과 같이 리스트의 각 값을 순차적으로 읽어 원하는 값들을 출력할 수 있다. 프로그램을 작성하고 실행해 보자.

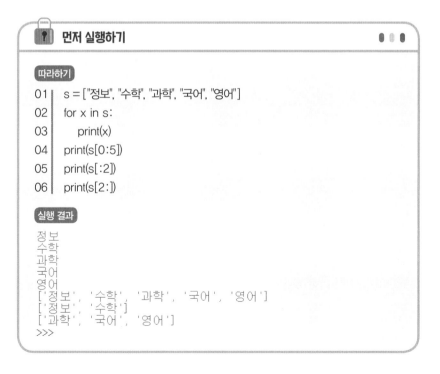

먼저 실행하기

따라하기

```
01  s = ["정보", "수학", "과학", "국어", "영어"]
02  for x in s:
03      print(x)
04  print(s[0:5])
05  print(s[:2])
06  print(s[2:])
```

실행 결과

```
정보
수학
과학
국어
영어
['정보', '수학', '과학', '국어', '영어']
['정보', '수학']
['과학', '국어', '영어']
>>>
```

위 프로그램을 실행하면 5개의 문자열을 가지는 리스트를 생성한 후 각 형식에 맞추어 출력한다.

- 1행은 5개의 문자열을 가지는 리스트 s를 생성하고, "정보", "수학", "과학", "국어", "영어"로 초기화한다.
- 2~3행은 리스트 s에 기억된 첫 번째 값부터 순차적으로 각 값을 변수 x로 읽어 들이고, 그 값을 한 줄에 하나씩 출력한다.
- 4행은 s[0]~ s[4]까지의 값을 리스트 양식에 맞추어 출력한다.
- 5행의 s[:2]에서 :2는 시작값이 없으므로 s[0]을 의미하고, 최종은 s[1]까지의 값을 리스트 양식에 맞추어 출력한다.
- 6행의 s[2:]는 s[2]부터 마지막 원소까지 리스트 양식에 맞추어 모두 출력한다. 이와 같이 리스트를 출력할 때 '리스트 이름 [a:b]'의 형식으로 원하는 구간의 값을 선별하여 출력할 수 있다.

문제 ④ 다음과 같이 리스트의 각 값을 순차적으로 읽어 출력할 수 있다. 프로그램을 작성하고 실행해 보자.

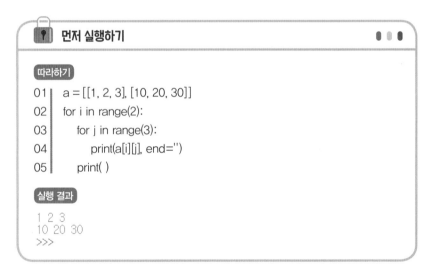

먼저 실행하기

따라하기
```
01  a = [[1, 2, 3], [10, 20, 30]]
02  for i in range(2):
03      for j in range(3):
04          print(a[i][j], end='')
05      print( )
```

실행 결과
```
1 2 3
10 20 30
>>>
```

위 프로그램을 실행하면 2차원으로 작성된 리스트의 각 값을 읽어와 출력한다. 2차원 리스트는 행렬과 같은 형태로 활용할 수 있다.

- 1행은 다음과 같이 2행 3열로 이루어진 2차원 리스트를 만들고 초기화한다.

값	인덱스	값	인덱스	값	인덱스
1	a[0][0]	2	a[0][1]	3	a[0][2]
10	a[1][0]	20	a[1][1]	30	a[1][2]

- 2행은 3~5행의 내용을 두 번 반복하는 역할을 한다.
- 3행은 4행을 세 번 반복하는 역할을 한다.
- 4행은 리스트 a의 각 인덱스 값을 양식에 맞추어 출력한다.
- 5행은 출력되는 행 구분을 위하여 줄 바꿈을 한다.

2 리스트의 활용

문제 5 다음과 같이 학생 점수를 리스트로 읽어 최고 점수를 구할 수 있다. 프로그램을 작성하고 실행해 보자.

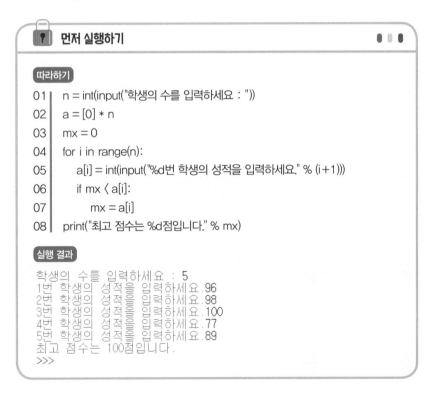

🔒 먼저 실행하기 ● ● ●

따라하기
```
01   n = int(input("학생의 수를 입력하세요 : "))
02   a = [0] * n
03   mx = 0
04   for i in range(n):
05       a[i] = int(input("%d번 학생의 성적을 입력하세요." % (i+1)))
06       if mx < a[i]:
07           mx = a[i]
08   print("최고 점수는 %d점입니다." % mx)
```

실행 결과
```
학생의 수를 입력하세요 : 5
1번 학생의 성적을 입력하세요.96
2번 학생의 성적을 입력하세요.98
3번 학생의 성적을 입력하세요.100
4번 학생의 성적을 입력하세요.77
5번 학생의 성적을 입력하세요.89
최고 점수는 100점입니다.
>>>
```

위 프로그램은 원하는 학생 수를 입력받은 후 각 학생의 성적 중 가장 높은 성적을 구하여 출력한다.

- 1행은 학생 수를 입력받는다.
- 2행은 입력받은 학생 수만큼의 리스트를 a라는 이름으로 생성하고, 초깃값은 모두 0으로 지정한다.

- 3행은 최고 점수를 저장할 변수 mx를 지정하면서 0으로 초기화한다.
- 4행은 5~7행을 학생 수만큼 반복 처리한다.
- 5행은 각 학생의 점수를 입력받은 후 리스트 a의 각 위치에 저장한다.
- 6~7행은 입력한 학생들 점수 중 최고 점수를 구하기 위한 알고리즘으로, 각 학생의 점수가 입력될 때마다 비교 작업을 통해 mx의 값이 다음과 같이 변함을 알 수 있다.

i	a[i]	mx
0	96	0에서 96으로 변경
1	98	96에서 98로 변경
2	100	98에서 100으로 변경
3	77	100 유지
4	89	100 유지

- 8행은 4~7행의 반복 작업을 통해 구한 최고 점수인 mx값 100을 출력한다.

문제 ⑥ 다음과 같이 학생 점수를 리스트로 읽어 최저 점수를 구할 수 있다. 프로그램을 작성하고 실행해 보자.

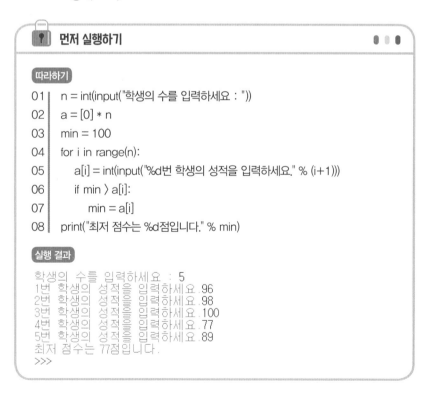

먼저 실행하기

따라하기

```
01  n = int(input("학생의 수를 입력하세요 : "))
02  a = [0] * n
03  min = 100
04  for i in range(n):
05      a[i] = int(input("%d번 학생의 성적을 입력하세요." % (i+1)))
06      if min > a[i]:
07          min = a[i]
08  print("최저 점수는 %d점입니다." % min)
```

실행 결과

```
학생의 수를 입력하세요 : 5
1번 학생의 성적을 입력하세요.96
2번 학생의 성적을 입력하세요.98
3번 학생의 성적을 입력하세요.100
4번 학생의 성적을 입력하세요.77
5번 학생의 성적을 입력하세요.89
최저 점수는 77점입니다.
>>>
```

위 프로그램은 원하는 학생 수를 입력받은 후 각 학생의 성적 중 가장 낮은 성적을 구하여 출력한다.

- 1행은 학생 수를 입력받는다.
- 2행은 입력받은 학생 수만큼의 리스트를 a라는 이름으로 생성하고, 초깃값은 모두 0으로 지정한다.
- 3행은 최저 점수를 저장할 변수 min을 지정하면서 100으로 초기화한다.
- 4행은 5~7행을 학생 수만큼 반복 처리한다.
- 5행은 각 학생의 점수를 입력받은 후 리스트 a의 각 위치에 저장한다.
- 6~7행은 입력한 학생들 점수 중 최저 점수를 구하기 위한 알고리즘으로, 각 학생의 점수가 입력될 때마다 비교 작업을 통해 min의 값이 다음과 같이 변함을 알 수 있다.

i	a[i]	min
0	96	0에서 96으로 변경
1	98	96 유지
2	100	96 유지
3	77	96에서 77로 변경
4	89	77 유지

- 8행은 4~7행의 반복 작업을 통해 구한 최저 점수인 min값 77을 출력한다.

MEMO

01 다음은 10개의 자료를 입력받아 리스트에 저장하고, 입력받은 자료를 거꾸로 출력하는 프로그램이다. ＿＿＿＿ 부분에 알맞은 코드를 작성하시오.

프로그램

```
a = [0] * _____
for i in range(10):
    a[i] = int(input( ))
for i in _____ :
    print(a[i])
```

02 다음은 리스트에 특정한 값을 채우는 프로그램이다. 프로그램을 실행했을 때 출력되는 값을 쓰시오.

프로그램

```
a = [10, 5, 2, 6, 8, 1, 3, 9, 7, 4]
for i in range(9):
    for j in range(i+1, 10):
        if a[i] > a[j]:
            a[i], a[j] = a[j], a[i]
for i in range(10):
    print(a[i], end=" ")
```

출력값

a[0]	a[1]	a[2]	a[3]	a[4]	a[5]	a[6]	a[7]	a[8]	a[9]

함수

함수는 반복적인 작업이나 방법을 따로 정의한 것이라고 생각할 수 있다. 함수를 사용하면 어떤 작업을 하나의 이름으로 모듈화하여 사용할 수 있다. 여기에서는 함수를 작성하고, 활용하는 방법에 대해 학습한다.

1 함수의 정의 및 호출

문제 1 함수(function)를 이용하여 프로그램을 작성하면 여러 가지 장점이 있다. 다음 프로그램을 작성하고 실행해 보자.

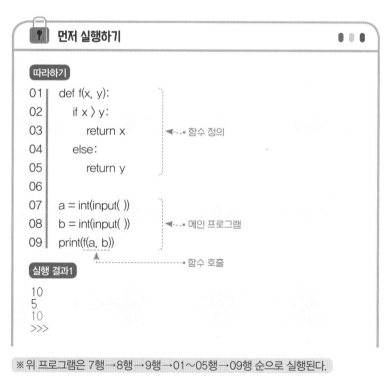

🔒 **먼저 실행하기**

따라하기

```
01   def f(x, y):
02       if x 〉 y:
03           return x          ◀--- 함수 정의
04       else:
05           return y
06
07   a = int(input( ))
08   b = int(input( ))         ◀--- 메인 프로그램
09   print(f(a, b))
                               ----- 함수 호출
```

실행 결과1

```
10
5
10
>>>
```

※ 위 프로그램은 7행→8행→9행→01~05행→09행 순으로 실행된다.

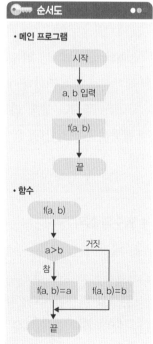

🔑 **순서도**

• 메인 프로그램

시작

a, b 입력

f(a, b)

끝

• 함수

f(a, b)

a>b

거짓

참

f(a, b)=a   f(a, b)=b

끝

위 프로그램은 2개의 자연수를 Enter↵ (엔터)로 구분하여 입력받고, 입력된 두 자연수 중 더 큰 수를 찾아 함수를 이용하여 반환된 값을 출력한다.

- 1~5행까지는 함수가 정의된 부분이다. 함수는 반드시 사용하기 전에 정의해야 하므로 프로그램에서 위쪽에 먼저 작성한다.
- 1행에서 ( ) 속의 x, y는 함수에게 전달된 값을 받아 저장하는 매개 변수이다.
- 2행에서는 x, y 중 어느 값이 큰지 if문을 이용하여 판단한다.
- 3행은 x가 더 클 경우 x를 반환한다. 반환할 때에는 'return' 명령어를 이용한다.
- 5행은 y가 x와 같거나 더 클 경우 y를 반환한다.
- 7~8행은 두 자연수를 한 줄에 하나씩 입력받는다.
- 9행에서 f(a, b) 부분은 함수를 실행시키는 부분으로 "함수를 호출한다."라고 말한다. 함수가 호출되면 괄호 속의 값 a, b가 1행에 있는 함수 x, y에 각각 전달되어 프로그램의 실행 단계가 함수로 넘어간다.

호출된 함수 f( )는 위에서 아래로 순차적으로 실행되며, return문을 만나면 함수를 호출했던 원래 부분으로 복귀한다. return문이 없으면 함수의 마지막 명령까지 모두 실행한 후 복귀한다. return 명령을 통해 함수 실행의 결괏값을 되돌려줄 수 있는데, 돌려주는 값의 자료형에 따라 결괏값을 반환한다. f( ) 함수에 10과 5가 입력되면 두 수 중 더 큰 수인 10이 반환되어 출력한다.

■ 함수의 정의

함수는 어떤 기능을 수행하는 작은 단위의 프로그램이다. 일반적으로 스프레드시트 등의 프로그램에서 활용하는 함수와 유사하기 때문에 다양한 용도로 활용할 수 있다. 표준 라이브러리로 제공되는 함수들도 있지만, 사용자가 직접 새로운 함수를 만들어 사용할 수도 있다.

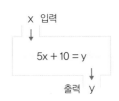

함수를 직접 정의할 때는 정의(define)를 의미하는 'def'를 활용하여 다음과 같이 정의한다.

```
def 함수의 이름( 파라미터1, 파라미터2, … ):
    명령문1
    명령문2
       :
```

def를 이용하여 함수를 정의하고, 프로그램 내에서 '함수 이름( )'을 명령어로 사용하면 함수를 호출할 수 있다. 함수를 호출하면 프로그램의 순서는 함수 내 명령문으로 이동하고, 함수가 종료되면 다시 원래 실행했던 마지막 명령문 다음 명령문이 실행된다.

함수는 다음과 같은 장점을 가진다.

- 프로그램은 각각 특정 일들을 수행하는 여러 개의 함수로 만들 수 있다.
- 함수별로 오류를 처리할 수 있으므로 디버깅이 용이하다.
- 같은 내용이 여러 번 반복되는 경우를 함수로 만들어 필요할 때마다 호출하여 사용할 수 있으므로 편리하다.
- 함수 단위로 작업할 수 있으므로 큰 프로그램을 만들기가 쉽다.
- 함수를 재귀적으로 정의하면 복잡할 것 같은 프로그램도 간단하게 작성할 수 있다.

2 함수의 활용

함수를 사용하면 반복되는 작업을 간단하게 해결할 수 있다. 또한 리스트 등을 함께 이용하면 복잡한 프로그램도 손쉽게 작성할 수 있다.

문제 ② 지정한 개수만큼 점수를 입력한 후 함수와 조건문을 이용하여 최댓값을 구할 수 있다. 다음 프로그램을 작성하고 실행해 보자.

🔒 먼저 실행하기

따라하기

```
01   def f(x, y):
02     if x > y:
03       return x
```

```
04        else:
05            return y
06
07    a, b, c = map(int, input( ).split( ))
08    print(f(f(a, b), c))
```

실행 결과1

```
75 100 96
100
>>>
```

실행 결과2

```
100 96 75
100
>>>
```

위 프로그램은 3개의 자연수를 공백으로 구분하여 한 줄로 입력받고, 입력된 세 자연수 중 가장 큰 수를 구하려고 할 때 두 숫자를 비교하여 큰 수를 구하는 함수를 두 번 활용하여 구한다.

- 1~5행까지는 함수가 정의된 부분이다. 두 수 중 더 큰 수를 구해서 반환하는 함수로 문제 ① 에서 사용했던 함수와 동일하다.
- 7행은 map( )을 활용하여 공백으로 구분된 세 자연수를 변수 a, b, c에 각각 입력받는 역할을 한다.
- 8행은 f(f(a, b), c)를 활용하여 세 수 중 가장 큰 수를 구하는 과정을 함수를 이용하고 있는데 이와 같이 함수를 중첩하여 활용할 수 있다.

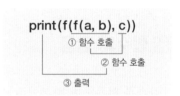

▲ 중첩 함수의 실행 순서

이 함수가 가장 큰 수를 구하는 과정은 다음과 같다.

단계	함수의 결과	설명
1단계	f(f(75, 100), 96)	초기 호출 상태
2단계	f(100, 96)	f(75, 100)이 먼저 호출되어 100이 반환됨.
3단계	100	f(100, 96)이 호출되어 100이 반환됨.

문제 ③ 점수를 비교하는 작업 등과 같이 한 작업을 여러 번 반복 실행할 경우, 리스트와 함수로 구성하면 프로그램을 작성하기가 쉽다. 프로그램을 작성하고 실행해 보자.

따라하기

```
01  def f(x, y):
02      if x > y:
03          return x
04      else:
05          return y
06
07  s = [18, 77, 68, 54, 99, 15, 56, 97, 64, 48]
08  mx = 0
09  for x in s:
10      mx = f(mx, x)
11  print(mx)
```

실행 결과

```
99
>>>
```

위 프로그램은 리스트에 있는 10개의 자연수들 중 가장 큰 수를 구하는 프로그램으로, 두 수 중 큰 수를 구하는 작업을 f( ) 함수로 하고 있다.

- 1~5행까지는 함수가 정의된 부분이다. 두 수 중 더 큰 수를 구해서 반환하는 작업으로 **문제 ❷** 에서 사용했던 함수와 동일하다.
- 7행은 준비된 10개의 점수로 리스트 s를 생성한다.
- 8행은 최댓값을 저장할 변수 mx를 지정함과 동시에 0으로 초기화한다.
- 9~10행은 10개 중 가장 큰 값을 구하기 위하여 반복문을 활용한다. 각 단계별로 최댓값을 구하는 과정은 다음 표와 같다.

1단계	mx = 0, mx < 18 (True, mx는 18로 변경)
2단계	mx = 18, mx < 77 (True, mx는 77로 변경)
3단계	mx = 77, mx < 68 (False, mx는 77을 유지)
4단계	mx = 77, mx < 54 (False, mx는 77을 유지)
5단계	mx = 77, mx < 99 (True, mx는 99로 변경)
6단계	mx = 99, mx < 15 (False, mx는 99를 유지)
7단계	mx = 99, mx < 56 (False, mx는 99를 유지)

8단계	mx = 99, mx ⟨ 97 (False, mx는 99를 유지)
9단계	mx = 99, mx ⟨ 64 (False, mx는 99를 유지)
10단계	mx = 99, mx ⟨ 48 (False, mx는 99를 유지)

문제 ④ 함수와 리스트를 이용하여 리스트 내부의 값을 오름차순으로 정렬할 수 있다. 다음 프로그램을 작성하고 실행해 보자.

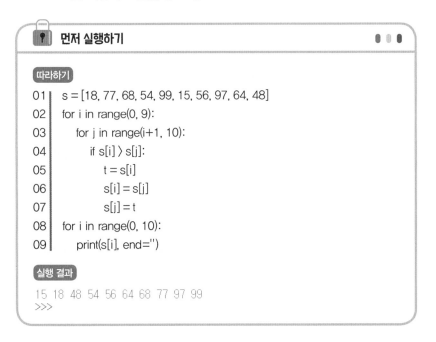

먼저 실행하기

따라하기

```
01   s = [18, 77, 68, 54, 99, 15, 56, 97, 64, 48]
02   for i in range(0, 9):
03       for j in range(i+1, 10):
04           if s[i] ⟩ s[j]:
05               t = s[i]
06               s[i] = s[j]
07               s[j] = t
08   for i in range(0, 10):
09       print(s[i], end='')
```

실행 결과

```
15  18  48  54  56  64  68  77  97  99
>>>
```

위 프로그램은 리스트에 있는 10개의 자연수를 오름차순으로 정렬하는 프로그램이다.

• 1행은 10개의 자연수를 이용하여 리스트 s를 초기화한다.
• 2~7행은 리스트 s의 자연수들을 반복문을 통해 오름차순으로 정렬하는 과정을 나타낸다.
• 2, 3행으로 구성되는 i, j의 순서쌍은 다음과 같다.

(0, 1), (0, 2), (0, 3), (0, 4), (0, 5), (0, 6), (0, 7), (0, 8), (0, 9)
(1, 2), (1, 3), (1, 4), (1, 5), (1, 6), (1, 7), (1, 8), (1, 9)
(2, 3), (2, 4), (2, 5), (2, 6), (2, 7), (2, 8), (2, 9)
(3, 4), (3, 5), (3, 6), (3, 7), (3, 8), (3, 9)
(4, 5), (4, 6), (4, 7), (4, 8), (4, 9)
(5, 6), (5, 7), (5, 8), (5, 9)

(6, 7), (6, 8), (6, 9)

(7, 8), (7, 9)

(8, 9)

- 4행은 위 순서쌍의 순서대로 s[i] 〉 s[j]인 모든 쌍을 비교하여 위 조건을 만족하는 쌍에 대해서는 5~7행을 이용하여 두 변수의 값을 서로 교환한다.
- 5~7행은 더 작은 값을 앞으로 이동하기 위해 s[i]와 s[j]의 값을 서로 교환하는 작업이다. 예를 들어, 두 변수 s[i] = 10, s[j] = 20이라고 할 때 다음과 같은 과정을 통해 두 값이 교환된다.

단계	명령문	변수 값
1단계	t = s[i]	t = 10, s[i] = 10, s[j] = 20
2단계	s[i] = s[j]	t = 10, s[i] = 20, s[j] = 20
3단계	s[j] = t	t = 10, s[i] = 20, s[j] = 10

- 위 5~7행을 다음과 같은 코드로도 바꾸어 표현할 수도 있다.

```
s[i], s[j] = s[j], s[i]
```

- 각 반복문이 종료될 때마다 리스트의 값은 다음과 같이 변한다.

단계	리스트의 값
1단계	18, 77, 68, 54, 99, 15, 56, 97, 64, 48
2단계	15, 18, 77, 68, 99, 54, 56, 97, 64, 48
3단계	15, 18, 48, 77, 99, 65, 56, 97, 64, 54
4단계	15, 18, 48, 54, 99, 77, 68, 97, 64, 56
5단계	15, 18, 48, 54, 56, 99, 77, 97, 68, 64
6단계	15, 18, 48, 54, 56, 64, 99, 97, 77, 68
7단계	15, 18, 48, 54, 56, 64, 68, 99, 97, 77
8단계	15, 18, 48, 54, 56, 64, 68, 77, 99, 97
9단계	15, 18, 48, 54, 56, 64, 68, 77, 97, 99

- 8~9행은 마지막 정렬된 리스트 s의 값을 한 칸씩 공백을 두고 한 줄로 출력한다.

CHAPTER 04 리스트와 함수 **153**

01 다음 프로그램의 실행 결과를 쓰시오.

프로그램

```
def f(x):
    sum = 0
    for i in range(1, x+1):
        sum += i
    return sum

print(f(f(4)))
```

02 함수 f(x, y)는 x, y 중 더 작은 수를 구하는 함수다. 함수 f(x, y)를 작성하시오.

프로그램

```
def f(x, y):
```

재귀

어떤 함수를 정의하는 과정에서 자기 자신을 호출하는 함수를 재귀 함수라고 한다.

1 재귀 호출과 재귀 함수

재귀 호출은 반복문으로 표현할 수 있는 모든 문제를 해결할 수 있으며, 반복문으로 해결하기 어려운 문제도 더 쉽게 해결할 수 있다.

문제 1 다음 프로그램을 작성하고 실행해 보자.

🔒 **먼저 실행하기**

따라하기

```
01  def f(x):
02      if x == 1:
03          return x
04      else:
05          return f(x-1) * x
06
07  n = int(input( ))
08  print(f(n))
```

실행 결과

```
10
3628800
>>>
```

위 프로그램은 입력받은 자연수 n에 대한 factorial값을 구하는 프로그램을 재귀 함수를 활용하여 구한다.

- 1~5행까지는 함수가 정의된 부분이다. 이 함수는 하나의 파라미터를 x로 받아서 처리한다.
- 2행은 x값이 1일 경우에는 3행에서 1을 반환한다. 1! = 1이기 때문이다.
- 5행에서는 f(x)를 구하기 위하여 f(x−1)을 먼저 구한 후 x를 곱하여 구하고 있다. 이때 f( )에서 다시 f( )를 호출하고 있다. 이렇게 함수 내부에서 자기 자신을 호출하는 것을 '재귀 호출'이라고 한다.
- 재귀 호출을 이용하여 값을 구하는 과정은 다음과 같다.

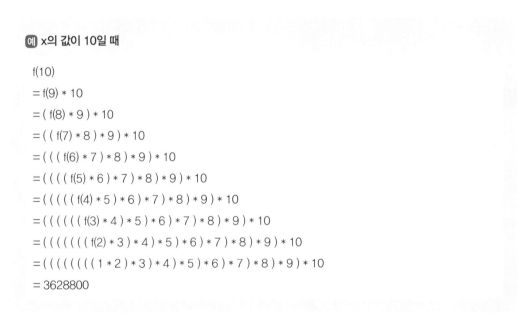

예 x의 값이 10일 때

```
f(10)
= f(9) * 10
= ( f(8) * 9 ) * 10
= ( ( f(7) * 8 ) * 9 ) * 10
= ( ( ( f(6) * 7 ) * 8 ) * 9 ) * 10
= ( ( ( ( f(5) * 6 ) * 7 ) * 8 ) * 9 ) * 10
= ( ( ( ( ( f(4) * 5 ) * 6 ) * 7 ) * 8 ) * 9 ) * 10
= ( ( ( ( ( ( f(3) * 4 ) * 5 ) * 6 ) * 7 ) * 8 ) * 9 ) * 10
= ( ( ( ( ( ( ( f(2) * 3 ) * 4 ) * 5 ) * 6 ) * 7 ) * 8 ) * 9 ) * 10
= ( ( ( ( ( ( ( ( 1 * 2 ) * 3 ) * 4 ) * 5 ) * 6 ) * 7 ) * 8 ) * 9 ) * 10
= 3628800
```

2 함수 호출의 활용

문제 2 재귀 함수를 이용하여 수의 계산이 아닌 특정 패턴의 반복적 출력을 수행할 수 있다. 다음 프로그램을 작성하고 실행해 보자.

🔒 먼저 실행하기 ● ● ●

따라하기

```
01  def f(x):
```

```
02        if x == 1:
03            print("*", end='')
04        else:
05            f(x−1)
06            print("*", end='')
07
08    n = int(input( ))
09    f(n)
```

실행 결과

```
5
*****
>>>
```

위 프로그램을 실행하면 입력된 개수만큼의 '*'를 출력한다.

- 2행은 함수의 파라미터 값이 1일 때 3행을 통하여 '*'를 하나만 출력하고 종료한다.
- 5~6행은 재귀 호출을 활용하여 f(n−1)의 호출이 끝나면 하나의 '*'를 출력한다. 다시 f(n−2)를 호출하고 f(n−2)의 호출이 끝나면 또 하나의 '*'를 출력한다.

이와 같은 과정이 재귀적으로 계속 반복되어 '*'를 n개 출력한 결과를 얻을 수 있다.

문제 3 재귀 호출을 이용하여 패턴을 반복하면서 원하는 모양을 만들 수 있다. 다음 프로그램을 작성하고 실행해 보자.

🔒 **먼저 실행하기** ● ● ●

따라하기

```
01    s = " "
02    def f(x):
03        global s
04        if x 〉 0:
05            f(x−1)
06            s = s + "*"
07            print(s)
08
09    n = int(input( ))
10    f(n)
```

```
5
*
**
***
****
*****
>>>
```

위 프로그램을 실행하면 반복문을 사용하지 않고 '*'로 삼각형 패턴을 출력한다.

- 1행은 프로그램 전체에 영향을 미치는 전역 변수로 활용할 문자열 s를 빈 문자열로 초기화한다.
- 2~7행은 n이 0 이하일 경우, 아무 동작도 하지 않고 프로그램을 종료한다.
- 3행은 문자열 s를 전역 변수로 활용하기 위한 구문이다. global을 쓰지 않으면 일정한 범위에서만 사용할 수 있는 지역 변수 s로 설정된다. 따라서 전역 변수로 활용할 때에는 'global' 키워드를 활용한다.
- 4~5행은 x의 값이 0보다 크면 f(x−1)로 재귀 호출하여 '*'로 삼각형을 그린다. 이때 f(x−1)을 호출한다는 것은 이미 x−1행의 별 모양 패턴이 그려져 있다고 가정하면 재귀 함수를 설계하는 데 도움이 된다. 즉, f(x) 패턴을 출력하기 위해서 f(x−1) 패턴이 이미 출력되어 있다는 점을 활용하여 마지막 줄에 '*'를 x개만 출력하면 f(x) 패턴을 쉽게 만들 수 있다.
- 6행은 다음에 출력하기 위해서 s에 '*'를 하나 추가한다. s는 전역 변수이기 때문에 다음 함수에서도 그대로 적용된다.
- 7행은 지금까지 연결한 문자열 s를 출력한다. 함수 호출 때마다 s에 저장되는 '*'의 개수는 달라진다. 이 원리를 활용하여 x의 개수에 따라 다음과 같은 패턴을 만들 수 있다.

n	s
1	*
2	**
3	***
4	****
5	*****

■ 재귀 함수를 이용한 문제 해결 과정(설계 과정)

① 함수를 명확하게 정의한다.

   f(n) = "1부터 n까지의 합"

② f(n)을 구하기 위해 f(n)의 모든 값을 알고 있다고 가정하고 f(n)을 구한다.

   f(n) = f(n−1) + n

   f(n) = 1 + 2 + ⋯ + n−1 + n

   f(n−1) = 1 + 2 + ⋯ + n−1

   따라서 f(n−1) 값을 직접 구하지 않고, 이미 알고 있다고 가정한다. 그러면 f(n−1)의 값에 n을 더하여 f(n)이 되므로 문제를 해결할 수 있다.

③ 재귀 함수의 종료 조건을 명확히 설정한다.

   f(1) = 1

   재귀 호출에 의해 f(n) → f(n−1) → f(n−2) → ⋯ 순으로 호출한다.

   만약 f(1) = 1과 같이 직접적으로 종료 조건(반복 횟수 제한)을 설정하지 않으면 무한 재귀에 빠져서 문제를 해결할 수 없다.

MEMO

정답 **221**쪽

01 다음은 재귀 함수를 이용하여 1부터 n까지의 합을 구하고자 한다. 함수 부분을 채우시오.

 프로그램

```
def f(x):



    n = int(input( ))
    print(f(n))
```

02 재귀 함수를 이용하여 다음 별 모양의 패턴을 출력하는 프로그램 중 함수 부분을 작성하시오.

입력값이 5일 때

| 출력 | 프로그램 |

```
*****
****
***
**
*
```

```
def f(x):



    n = int(input( ))
    f(n)
```

문제 번호 1402 거꾸로 출력하기 3

데이터의 개수가 n개 들어오고, 이 n개의 데이터를 거꾸로 출력하는 프로그램을 작성하시오.

문제 번호 1407 문자열 출력하기 1

길이(글자 수)가 100 이하인 문자열을 입력받아 공백을 제거하고, 출력하시오.

문제 번호 1403 리스트 두 번 출력하기

k개의 숫자를 입력받고, 그 숫자들을 두 번 출력하시오.

예

입력
2
5 7

출력
5
7
5
7

문제 번호 1505 2차원 리스트 채우기 3(달팽이 배열)

n이 입력되면 크기가 n인 다음과 같은 2차원 리스트를 출력하시오.

예

입력
3

출력
1 2 3
8 9 4
7 6 5

1576 함수

이 문제는 "Hello?"를 출력하는 함수를 구현하는 문제다. 다음 조건을 참고해서 함수 본체만 작성하시오.

- 함수명: f
- 매개 변수(parameter): 없음
- 반환 형(return type): 없음
- 함수 내용: Hello?를 출력하는 함수 구현

 1577 절댓값 함수 1

이 문제는 절댓값 함수를 구현하는 문제다. 다음 조건을 참고해서 함수 본체만 작성하시오.

- 함수명: myabs
- 매개 변수(parameter): 정수형(int) 1개
- 반환 형(return type): 정수형(int)
- 함수 내용: 절댓값을 구하는 함수 구현

 1578 최댓값 함수

이 문제는 최댓값 함수를 구현하는 문제다. 다음 조건을 참고해서 함수 본체만 작성하시오.

- 함수명: mymax
- 매개 변수(parameter): 정수형(int) 2개
- 반환 형(return type): 정수형(int)
- 함수 내용: 두 정수 중 큰 값을 구하는 함수 구현

1580 원의 넓이

이 문제는 원의 넓이를 구하는 함수를 구현하는 것이다. 다음 조건을 참고해서 함수 본체만 작성하시오.

- 함수명: circle
- 매개 변수(parameter): 반지름(r)을 나타내는 정수형(int) 변수 11개
- 반환 형(return type): 실수형(float)
- 함수 내용: 원의 넓이를 구하는 함수 구현(원의 넓이 = 3.14 × r × r)

스스로 점검하기

01 다음은 리스트 a의 원소 중 최솟값을 출력하는 프로그램이다. _____ 부분에 들어갈 알맞은 코드는?

```
a = [15, 37, 26, 0, 99]

def f(x):
  if x == 0:
    return a[x]
  else:
    return f(x−1) if f(x−1) 〈 _____ else _____

print(f(4))
```

① a[x]　　　　② a[x−1]　　　　③ a[x+1]
④ a[0]　　　　⑤ a[4]

02 다음 프로그램의 실행 결과로 옳은 것은?

```
def f(x):
  if x == 1:
    print(" " * 4, "*")
  else:
    f(x−1)
    print(" " * (5−x), "*" * x)

f(5)
```

① *
　 *
　 *
　 *
　 *

② *****
　 ****
　 ***
　 **
　 *

③ *
　 **
　 ***
　 ****
　 *****

④ *****
　 *****
　 *****
　 *****
　 *****

⑤ 　　*
　　 **
　　 ***
　　 ****
　　 *****

03-04 다음 프로그램을 보고 물음에 답하시오.

```
sc = [−18, −77, −68, −54, −99, −15, −56, −97,
−64, −48]

def f(x, y):
  if x 〉 y:
    return x
  else:
    return y

max, temp = 0, 0
for i in range(10):
  temp += i
  max = f(max, sc[i])
print(temp)
print(max)
```

03 print(temp)가 출력한 결과는?

① 0　　　　② −18　　　　③ −48
④ −596　　　　⑤ 45

04 print(max)가 출력한 결과는?

① 0　　　　② −15　　　　③ −97
④ −9　　　　⑤ 99

지금까지 **파이썬을 이용하여** 프로그래밍 방법을 학습한 것을 바탕으로 **주어진 문제 해결에 도전해 보자.** 문제를 해결하기 위해 작성한 프로그램이 올바르게 동작하는지 온라인 저지를 이용하여 테스트할 수 있다. 자, 그럼 시작해 볼까?

PART 2

코드업과 함께 하는
문제 해결

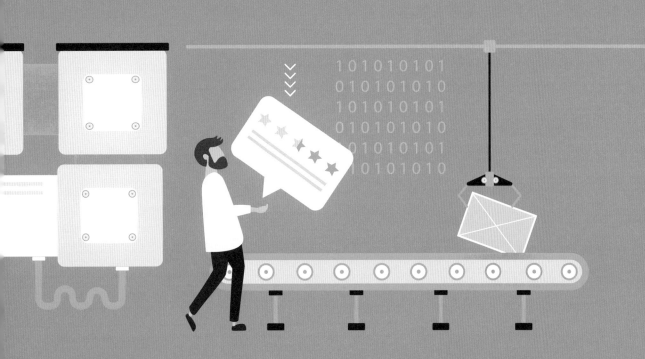

01 정수 계산기 코드업 문제 번호: 1126

문제 제시

철수는 정수 두 개를 입력하면 두 수 사이의 기본 연산이 자동으로 이루어지는 프로그램을 제작하고 싶다.

기본 연산이란 더하기, 빼기, 곱하기, 나누기, 나머지 연산 등 5가지 연산을 말한다.

두 정수의 기본 연산을 출력하는 정수 계산기를 제작하시오.

입력 설명

두 정수 a, b는 공백으로 분리하여 입력된다. $(1 \le a, b \le 100)$

출력 설명

아래 형식으로 출력한다. a, b, c, d, e, f, g는 실제 계산에 사용된 수를 의미한다.

```
a + b = c
a − b = d
a * b = e
a / b = f
a % b = g
```

입출력 예시

예시 번호	입력	출력	설명
1	5 2	5 + 2 = 7 5 − 2 = 3 5 * 2 = 10 5 / 2 = 2 5 % 2 = 1	입력한 5와 2의 연산 결과를 출력한다.
2	100 8	100 + 8 = 108 100 − 8 = 92 100 * 8 = 800 100 / 8 = 12 100 % 8 = 4	입력한 100과 8의 연산 결과를 출력한다.

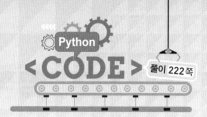

문제 해결을 위한 설계

이 문제를 해결하기 위한 과정과 순서도를 자유롭게 작성해 보자.

문제 해결 과정	순서도
• 문제 해결에 필요한 변수 정하기	
• 입력 처리하기	
• 문제 해결 과정	
• 출력 처리하기	

이를 바탕으로 소스 코드를 작성한 후 코드업에 제출해 보자.

소스 코드

02 성적 계산하기 코드업 문제 번호: 1127

문제 제시

철수는 자신의 성적을 꼼꼼하게 관리한다. 매번 시험을 치고 나면 자신의 성적을 기록해 놓고 기말고사가 끝나면 중간고사, 기말고사, 수행평가의 점수를 반영 비율에 맞게 합산한다.

최근에는 프로그래밍 수행평가를 치고, 프로그래밍 과목의 점수를 계산하게 되었다. 반영 비율을 알고 있고 각각의 점수를 알고 있다면 이 과목의 점수는 다음과 같이 계산할 수 있다.

구분	중간고사	기말고사	수행평가
반영 비율	30%	30%	40%
받은 점수	86	90	85

$$0.3 \times 86 + 0.3 \times 90 + 0.4 \times 85 = 86.8$$

이런 방법으로 전 과목의 점수를 계산해야 한다. 일일이 계산하기 어려우므로 철수는 이 과정을 프로그래밍하기로 하였다. 반영 비율과 점수를 알고 있을 때 각 과목의 점수를 계산하는 프로그램을 작성하시오.

입력 설명

① 반영 비율과 받은 점수가 입력된다.
② 입력 순서는 중간고사 반영 비율, 중간고사 점수, 기말고사 반영 비율, 기말고사 점수, 수행평가 반영 비율, 수행평가 점수 순이다.
③ 반영 비율은 실수형이고, 각 점수는 정수형으로 입력된다.

출력 설명

결과를 실수로 출력하되 소수점 이하 첫째 자리까지 출력한다.

입출력 예시

예시 번호	입력	출력	설명
1	0.3 50 0.4 80 0.3 92	74.6	각각의 점수와 반영 비율을 곱하여 성적을 계산한다.

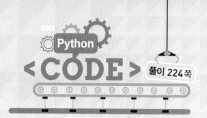
2	0.28 51 0.14 23 0.58 13	25.0	각각의 점수와 반영 비율을 곱하여 성적을 계산한다.
3	0.21 27 0.11 45 0.68 87	69.8	

 **문제 해결을 위한 설계**

이 문제를 해결하기 위한 과정과 순서도를 자유롭게 작성해 보자.

문제 해결 과정	순서도
• 문제 해결에 필요한 변수 정하기 • 입력 처리하기 • 문제 해결 과정 • 출력 처리하기	

이를 바탕으로 소스 코드를 작성한 후 코드업에 제출해 보자.

소스 코드

03 사주보기 2 [코드업 문제 번호: 1163]

📎 문제 제시

어느 시골마을에 사주 카페가 있다. 이 카페의 점쟁이는 엄청난 화술로 사람들을 유혹하고 있어서, 점쟁이에게 사주를 보려는 사람들로 늘 북적였다. 그런데 이 점쟁이는 전문적으로 사주에 대해 배운 적이 없는 가짜 점쟁이였다.

이 가짜 점쟁이가 사주를 보는 방법은 다음과 같다.

> **방법**
> ❶ 출생 연도 + 월 + 일의 100의 자리 숫자가 짝수이면 '대박' 사주
> ❷ 출생 연도 + 월 + 일의 100의 자리 숫자가 홀수이면 '그럭저럭' 사주

이 점쟁이가 사주를 보는 방법으로 결과를 출력하는 프로그램을 작성하시오.

⌨ 입력 설명

태어난 연도, 월, 일이 공백으로 구분되어 입력된다.

🖥 출력 설명

점쟁이가 사주보는 방법을 이용하여 '대박' 또는 '그럭저럭'을 출력한다.

📝 입출력 예시

예시 번호	입력	출력	설명
1	2002 2 10	대박	(2002 + 2 + 10)의 100의 자리 숫자는 0
2	1976 3 21	대박	(1976 + 3 + 21)의 100의 자리 숫자는 8
3	1984 5 5	그럭저럭	(1984 + 5 + 5)의 100의 자리 숫자는 9

문제 해결을 위한 설계

이 문제를 해결하기 위한 과정과 순서도를 자유롭게 작성해 보자.

문제 해결 과정	순서도
• 문제 해결에 필요한 변수 정하기	
• 입력 처리하기	
• 문제 해결 과정	
• 출력 처리하기	

이를 바탕으로 소스 코드를 작성한 후 코드업에 제출해 보자.

소스 코드

문제 제시

키와 몸무게를 이용하여 비만도를 측정할 수 있다. 아래와 같이 표준 몸무게와 비만도 계산 공식이 있을 때, 비만도를 측정하는 프로그램을 작성하시오.

- 표준 몸무게 계산 공식

키의 범위	표준 몸무게 공식
키가 150 미만일 때	(실제 키 − 100)
키가 150 이상 160 미만일 때	(실제 키 − 150) / 2 + 50
키가 160 이상일 때	(실제 키 − 100) * 0.9

- 비만도 계산 공식

비만도 = (실제 몸무게 − 표준 몸무게) * 100 / 표준 몸무게

- 비만도에 따른 등급 판정

비만도 수치	등급
10 이하	정상
10~20 이하	과체중
20 초과	비만

예 키가 150cm이고, 몸무게는 60kg이라고 하자.
표준 몸무게 = (150 − 150) / 2 + 50 = 50kg
비만도 = (60 − 50) * 100 / 50 = 20
∴ 비만도가 20이므로 '과체중'

입력 설명

키 h와 몸무게 w가 공백으로 구분되어 실수로 입력된다. $(1 \leq w, h \leq 200)$

출력 설명

비만도 등급을 출력한다.

입출력 예시

예시 번호	입력	출력	설명
1	148 50	정상	표준 몸무게 = 148 − 100 = 48kg 비만도 = (50 − 48) * 100 / 48 = 4.17 ∴ 정상
2	155 60	과체중	표준 몸무게 = (155 − 150) / 2 + 50 = 52.5kg 비만도 = (60 − 52.5) * 100 / 52.5 = 14.29 ∴ 과체중

3	168 80	비만	표준 몸무게 = (168 − 100) * 0.9 = 61.2kg 비만도 = (80 − 61.2) * 100 / 61.2 = 30.72　　　　∴ 비만

 **문제 해결을 위한 설계**

이 문제를 해결하기 위한 과정과 순서도를 자유롭게 작성해 보자.

문제 해결 과정	순서도
• 문제 해결에 필요한 변수 정하기 • 입력 처리하기 • 문제 해결 과정 • 출력 처리하기	

이를 바탕으로 소스 코드를 작성한 후 코드업에 제출해 보자.

소스 코드
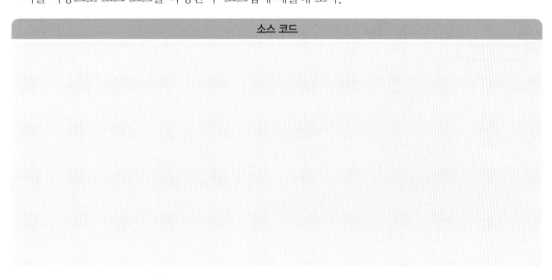

05 영어 서수로 표현하기 코드업 문제 번호: 1204

코드업 문제 번호: 1204

 문제 제시

영어로 서수를 표현할 때 다음과 같이 나타낸다.

1st	2nd	3rd	4th	5th	...	10th
11th	12th	13th	14th	15th	...	20th
21st	22nd	23rd	24th	25th	...	30th
31st	32nd	33rd	34th	35th	...	40th
41st	42nd	43rd	44th	45th	...	50th
...						
91st	92nd	93rd	94th	95th	...	99th

1~99 중 하나의 숫자가 입력되면 영어 서수 표현을 출력하시오.

 입력 설명

1~99 중 한 정수가 입력된다.

출력 설명

입력된 정수의 영어 서수 표현을 출력한다.

입출력 예시

예시 번호	입력	출력	설명
1	1	1st	
2	2	2nd	
3	3	3rd	
4	11	11th	영어 서수 표현을 출력한다.
5	12	12th	
6	13	13th	
7	47	47th	
8	92	92nd	

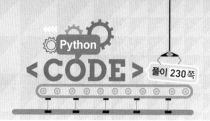

 **문제 해결을 위한 설계**

이 문제를 해결하기 위한 과정과 순서도를 자유롭게 작성해 보자.

문제 해결 과정	순서도
• 문제 해결에 필요한 변수 정하기 • 입력 처리하기 • 문제 해결 과정 • 출력 처리하기	

이를 바탕으로 소스 코드를 작성한 후 코드업에 제출해 보자.

소스 코드

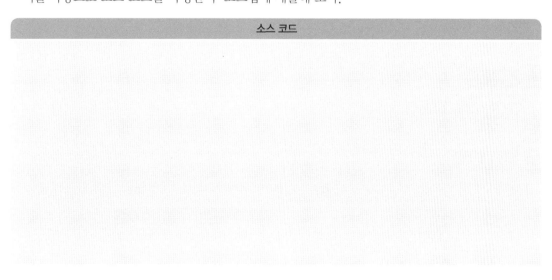

06 이 달은 며칠까지 있을까?

코드업 문제 번호: 1214

철수와 영희는 한 사람이 특정 월(month)을 지목하면 나머지 사람은 그 달의 마지막 날이 며칠인지 알아맞히는 게임을 하였다. 두 사람 모두 처음엔 서툴렀지만 게임을 계속하다 보니 금방 익숙해졌다. 그래서 게임의 규칙을 조금 어렵게 바꿔 연도와 월을 말하면 그 달의 마지막 날이 며칠인지 알아맞히기로 하였다.

이 규칙이 어려운 이유는 2월이 윤달이 있기 때문이다. 2월이 29일인 해를 윤년이라고 하는데, 윤년의 판단은 아래 두 조건 중 하나만 만족하면 된다.

- 조건 1: 400의 배수인 해는 모두 윤년이다.
- 조건 2: 4의 배수인 해들 중 100의 배수가 아닌 해들은 모두 윤년이다.

연도와 월을 알고 있을 때 그 달의 마지막 날을 구하는 프로그램을 작성하시오.

참고 **월별 마지막 날**

1월	2월	3월	4월	5월	6월	7월	8월	9월	10월	11월	12월
31	28/29	31	30	31	30	31	31	30	31	30	31

연도와 월이 입력된다.

그 달의 마지막 날이 며칠인지 출력한다.

입출력 예시

예시 번호	입력	출력	설명
1	2019 10	31	2019년 10월의 마지막 날은 31일
2	2020 9	30	2020년 9월의 마지막 날은 30일
3	2020 2	29	2020년 2월의 마지막 날은 29일

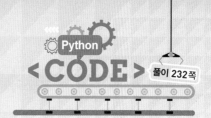
4	2021 2	28	2021년 2월의 마지막 날은 28일
5	2100 2	28	2100년 2월의 마지막 날은 28일
6	2000 2	29	2000년 2월의 마지막 날은 29일

이 문제를 해결하기 위한 과정과 순서도를 자유롭게 작성해 보자.

문제 해결 과정	순서도
• 문제 해결에 필요한 변수 정하기	
• 입력 처리하기	
• 문제 해결 과정	
• 출력 처리하기	

이를 바탕으로 소스 코드를 작성한 후 코드업에 제출해 보자.

소스 코드

07 홀수는 더하고 짝수는 빼고 3 코드업 문제 번호: 1281

a, b 사이에 존재하는 자연수에 대해서 홀수는 더하고, 짝수는 빼는 식을 보여 준 후 결과를 출력하시오.

예
- a = 5, b = 10인 경우, 5 − 6 + 7 − 8 + 9 − 10 = −3
- a = 6, b = 9인 경우, −6 + 7 − 8 + 9 = 2

입력 설명

두 자연수 a, b가 입력된다. $(0 < a \le b \le 500)$

출력 설명

- 홀수는 더하고 짝수는 뺀 식을 보여 준 후 결과를 출력한다.
- 식을 나열할 때 양수인 경우 불필요하게 '+'를 붙여서 출력하지 않는다.

입출력 예시

예시 번호	입력	출력	설명
1	5 7	5 − 6 + 7 = 6	
2	6 7	−6 + 7 = 1	
3	6 8	−6 + 7 − 8 = −7	홀수는 더하고 짝수는 뺀 식을 출력한다.
4	6 6	−6 = −6	
5	7 7	7 = 7	

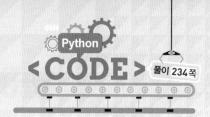

문제 해결을 위한 설계

이 문제를 해결하기 위한 과정과 순서도를 자유롭게 작성해 보자.

문제 해결 과정	순서도
• 문제 해결에 필요한 변수 정하기	
• 입력 처리하기	
• 문제 해결 과정	
• 출력 처리하기	

이를 바탕으로 소스 코드를 작성한 후 코드업에 제출해 보자.

소스 코드

문제 제시

최근 무서운 감기 바이러스들이 유행처럼 번지고 있다. 근래 유행인 바이러스는 모두 세 가지 종류로 각 바이러스들은 모두 3000 이하의 자연수로 표현된다.

여러분은 세 가지 바이러스 감염을 예방할 수 있는 백신을 개발해야 한다. 백신도 3000 이하의 자연수로 표현되며, 만약 바이러스의 값이 백신의 값으로 나누어떨어지면 백신으로 바이러스 감염을 예방할 수 있다.

백신의 개발비는 백신의 숫자 값이 작을수록 비싸다. 즉, 백신 3과 백신 2가 있다면 백신 3의 가격이 더 저렴하므로 개발하는 데 이득이다. 세 가지 바이러스 감염을 예방할 수 있는 가장 싼 백신을 개발하는 프로그램을 작성하시오.

입력 설명

① 세 정수 값이 오름차순으로 입력된다.
② 각 입력 값은 바이러스 번호를 의미하며, 1~3000 사이의 정수이다.

출력 설명

가장 값싼 백신의 번호를 출력한다(번호가 클수록 백신의 가격은 쌈).

입출력 예시

예시 번호	입력	출력	설명
1	10 20 30	10	세 바이러스의 값을 공통으로 나눌 수 있는 최댓값은 10이다.
2	2 6 8	2	세 바이러스의 값을 공통으로 나눌 수 있는 최댓값은 2이다.
3	20 40 80	20	세 바이러스의 값을 공통으로 나눌 수 있는 최댓값은 20이다.
4	30 30 30	30	세 바이러스의 값을 공통으로 나눌 수 있는 최댓값은 30이다.
5	750 846 957	3	세 바이러스의 값을 공통으로 나눌 수 있는 최댓값은 3이다.

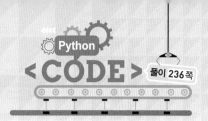

이 문제를 해결하기 위한 과정과 순서도를 자유롭게 작성해 보자.

문제 해결 과정	순서도
• 문제 해결에 필요한 변수 정하기	
• 입력 처리하기	
• 문제 해결 과정	
• 출력 처리하기	

이를 바탕으로 소스 코드를 작성한 후 코드업에 제출해 보자.

소스 코드

09 1등과 꼴등

코드업 문제 번호: 1293

문제 제시

보람중학교에서는 얼마 전 지필평가가 끝났다. 프로그래밍을 가르치는 선생님은 지필평가 전 학생들에게 이런 약속을 하였다.

학생들은 지필평가가 끝난 후 프로그래밍 과목의 1등과 꼴등의 점수가 궁금했다. 아직 성적 처리가 되지 않아 아무도 등수를 알지 못한다. 알고 있는 것은 각 학생들의 점수뿐이다.

n명의 점수가 입력되면 1등과 꼴등의 점수를 출력하는 프로그램을 작성하시오.

> "이번 지필평가에서 1등은 선물을 주고, 꼴등은 벌로 청소를 시키겠다."

입력 설명

① 첫 번째 줄에는 입력 점수의 개수를 n으로 입력하고, 그 다음 줄엔 n개의 점수가 공백으로 구분하여 입력된다. ($2 \leq n \leq 100$)

② 각 점수의 범위는 0~100 사이인 정수이다.

출력 설명

n명의 점수 중 1등과 꼴등의 점수를 공백을 두고 출력한다.

입출력 예시

예시 번호	입력	출력	설명
1	5 90 59 29 80 21	90 21	1등의 점수는 90점이고, 꼴등의 점수는 21점이다.
2	3 100 100 100	100 100	1등의 점수는 100점이고, 꼴등의 점수는 100점이다.
3	6 20 20 92 92 52 70	92 20	1등의 점수는 92점이고, 꼴등의 점수는 20점이다.

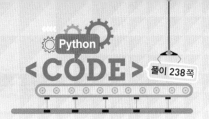

풀이 238쪽

문제 해결을 위한 설계

이 문제를 해결하기 위한 과정과 순서도를 자유롭게 작성해 보자.

문제 해결 과정	순서도
• 문제 해결에 필요한 변수 정하기	
• 입력 처리하기	
• 문제 해결 과정	
• 출력 처리하기	

이를 바탕으로 소스 코드를 작성한 후 코드업에 제출해 보자.

소스 코드

10 암호 처리하기 코드업 문제 번호: 1408

문제 제시

인터넷 서비스들은 대부분 아이디와 패스워드를 이용한다. 이때 사용하는 패스워드는 여러 가지 방법으로 암호화하여 저장된다.

어떤 인터넷 서비스의 두 가지 암호화 방법
- 입력받은 문자의 ASCII 코드값 + 2
- (입력받은 문자의 ASCII 코드값 * 7) % 80 + 48

사용자의 패스워드를 두 가지 방법으로 암호화한 결과를 출력하는 프로그램을 작성하시오.

입력 설명

① 20자 이내로 구성된 패스워드가 입력된다.
② 단, 입력된 패스워드는 공백을 포함하지 않는다.

출력 설명

① 첫 번째 줄에는 첫 번째 방식으로 암호화한 결과를 출력힌다.
② 두 번째 줄에는 두 번째 방식으로 암호화한 결과를 출력한다.

입출력 예시

예시 번호	입력	출력	설명
1	TEST	VGUV L3EL	첫 번째 방식으로 암호화한 결과를 출력한다. 두 번째 방식으로 암호화한 결과를 출력한다.
2	hello	jgnnq 8sTTi	
3	i_am_a_student.	kacoacauvwfgpv0 ?lW[lWl5〈Clsb〈2	

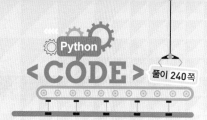

 문제 해결을 위한 설계

이 문제를 해결하기 위한 과정과 순서도를 자유롭게 작성해 보자.

문제 해결 과정	순서도

• 문제 해결에 필요한 변수 정하기

• 입력 처리하기

• 문제 해결 과정

• 출력 처리하기

이를 바탕으로 소스 코드를 작성한 후 코드업에 제출해 보자.

소스 코드

11 시저의 암호 코드업 문제 번호: 1675

문제 제시

암호학에서 시저 암호(caesar cipher)는 가장 오래된 암호 중 하나이고, 가장 대표적인 대치(substitution) 암호로서 평문 문자를 다른 문자로 일대일 대응시켜 암호문을 만들어 낸다.

시저 암호는 알파벳을 3글자씩 밀려 쓰면서 문장을 만드는 방식이다. 실제 시저는 부하인 브루투스에게 암살되기 전에 키케로에게 다음과 같은 암호문을 보냈다고 한다.

암호문	qhyhu wuxvw euxwxv
원문	never trust brutus

암호문을 원문으로 바꾸는 원리는 간단하다. 암호문에 쓰인 알파벳보다 3만큼 앞으로 이동한 알파벳으로 치환하면 된다.

암호	a	b	c	d	e	f	g	h	i	j	k	l	m	n	o	p	q	r	s	t	u	v	w	x	y	z
	↓	↓	↓	↓	↓	↓	↓	↓	↓	↓	↓	↓	↓	↓	↓	↓	↓	↓	↓	↓	↓	↓	↓	↓	↓	↓
원문	x	y	z	a	b	c	d	e	f	g	h	i	j	k	l	m	n	o	p	q	r	s	t	u	v	w

시저의 암호문이 입력되면 원문으로 복원하는 프로그램을 작성하시오.

입력 설명

공백이 있는 영어 문자열이 최대 200글자 이내로 입력된다. 단, 공백과 알파벳 문자 외에 다른 문자는 입력하지 않는다.

출력 설명

암호문을 원문으로 복원하여 출력한다.

입출력 예시

예시 번호	입력	출력	설명
1	qhyhu wuxvw euxwxv	never trust brutus	암호문을 원문으로 복원하여 출력한다.

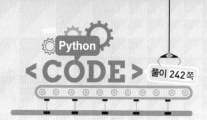

풀이 242쪽

2	l oryh brx	i love you	암호문을 원문으로 복원하여 출력한다.
3	vdpbdqj phgld	samyang media	
4	a b c d e f g	d e f g h i j	

 문제 해결을 위한 설계

이 문제를 해결하기 위한 과정과 순서도를 자유롭게 작성해 보자.

문제 해결 과정	순서도

- 문제 해결에 필요한 변수 정하기

- 입력 처리하기

- 문제 해결 과정

- 출력 처리하기

이를 바탕으로 소스 코드를 작성한 후 코드업에 제출해 보자.

소스 코드

12 알파벳 개수 출력하기

코드업 문제 번호: 1412

문제 제시

영어 공부에 빠져 있는 주현이는 영어 책을 자주 본다.

어느 날 주현이는 영어 문장을 보면서 어떤 알파벳 문자가 많이 사용되는지 궁금해졌다.

영어 문장이 주어지면 a부터 z까지 알파벳 문자가 각각 몇 번 나왔는지 출력하는 프로그램을 작성하시오.

입력 설명

① 90글자 이내의 영어로 된 문장이 입력된다.

② 이 문장은 영어 소문자, 공백 및 특수 문자로만 이루어진다.

출력 설명

a부터 z까지 사용된 알파벳 개수를 [입출력 예시]를 참고하여 출력한다. 이때 특수 문자와 공백의 개수는 출력하지 않는다.

입출력 예시

예시 번호	입력	출력		설명
1	oh! my god!	a:0 b:0 c:0 d:1 e:0 f:0 g:1 h:1 i:0 j:0 k:0 l:0 m:1	n:0 o:2 p:0 q:0 r:0 s:0 t:0 u:0 v:0 w:0 x:0 y:1 z:0	문장에 사용된 알파벳 개수를 출력한다.

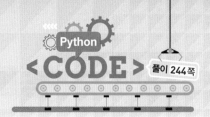

문제 해결을 위한 설계

이 문제를 해결하기 위한 과정과 순서도를 자유롭게 작성해 보자.

문제 해결 과정	순서도
• 문제 해결에 필요한 변수 정하기	
• 입력 처리하기	
• 문제 해결 과정	
• 출력 처리하기	

이를 바탕으로 소스 코드를 작성한 후 코드업에 제출해 보자.

소스 코드

13 종이 자르기 코드업 문제 번호: 1677

🔵 문제 제시

철수는 인쇄소에서 근무한다. 인쇄소의 주된 업무는 종이에 문자와 그림을 인쇄하는 것이다. 종이의 종류는 다양하고, 고객마다 요구하는 종이의 크기도 다양하다.

인쇄소에는 종이를 크기에 따라 자동으로 잘라 주는 최신식 인쇄기가 있다. 그런데 어느 날 기계가 고장난 상태에서 인쇄를 요구하는 고객이 찾아왔고, 마침 그 고객이 요구하는 크기의 종이도 없어서 큰 종이를 수동으로 잘라야 하는 상황이 되었다.

철수는 종이를 고객이 요구하는 크기대로 잘라 보려고 했으나, 절취선이 없어 쉽지 않았다.

고객이 요구하는 가로와 세로 길이가 주어지면 아주 큰 종이에 다음과 같은 절취선을 그리는 프로그램을 작성하시오.

예 12*4의 종이라면,
```
+--------------+
|              |
|              |
+--------------+
```
를 출력한다.

⌨ 입력 설명

가로 길이 n과 세로 길이 m이 공백으로 분리되어 입력된다. (2 ≤ n, m ≤ 50)

🖥 출력 설명

① n*m 크기의 종이를 출력한다.
② 가로는 '−', 세로는 '|'로 출력하며, 가로와 세로가 겹치는 부분은 '+'로 출력한다.

✍ 입출력 예시

예시 번호	입력	출력	설명

1	4 3	<pre>+--+
		| |
		+--+</pre>
			가로 길이 4, 세로 길이 3인 종이를 출력한다.

2	2 2	<pre>++
		++</pre>
			가로 길이 2, 세로 길이 2인 종이를 출력한다.

3	3 6	``` +-+ | | | | | | +-+ ```	가로 길이 3, 세로 길이 6인 종이를 출력한다.

 문제 해결을 위한 설계

이 문제를 해결하기 위한 과정과 순서도를 자유롭게 작성해 보자.

문제 해결 과정	순서도
• 문제 해결에 필요한 변수 정하기 • 입력 처리하기 • 문제 해결 과정 • 출력 처리하기	

이를 바탕으로 소스 코드를 작성한 후 코드업에 제출해 보자.

소스 코드

14 빗금 친 사각형 출력하기 코드업 문제 번호: 1369)

문제 제시

별 모양의 도형을 출력하기에 재미를 붙인 철수는 이번에는 조금 어려운 빗금 친 사각형을 만들어 보기로 했다.

n*n 사각형에서 k간격마다 빗금을 친 사각형을 출력하는 프로그램을 작성하시오.

윗변을 기준으로 왼쪽에서 부터 k간격마다 ╱ 방향으로 빗금을 그으시오. 10 3인 경우 아래와 같다.

예 *********
   | | | 이 위치들(즉, 3의 배수)

예 n=10, k=3이면,
```
**********
**  *  * *
*  *  *  *
*  *  *  *
**  *  * *
*  *  *  *
*  *  *  *
**  *  * *
*  *  *  *
**********
```

입력 설명

정사각형의 크기 n과 빗금 간격 k가 입력된다. (1 ≤ n, k ≤ 99)

출력 설명

빗금 친 사각형을 출력한다.

입출력 예시

예시 번호	입력	출력	설명
1	4 2	```**** * ** ** * ****```	4*4 사각형에서 2칸마다 빗금을 친 사각형을 출력한다.
2	3 1	```*** *** ***```	3*3 사각형에서 1칸마다 빗금을 친 사각형을 출력한다.
3	8 3	```******** ** * * * * ** * * * ** * * * * * ** * * * ********```	8*8 사각형에서 3칸마다 빗금을 친 사각형을 출력한다.

 문제 해결을 위한 설계

이 문제를 해결하기 위한 과정과 순서도를 자유롭게 작성해 보자.

문제 해결 과정	순서도
• 문제 해결에 필요한 변수 정하기 • 입력 처리하기 • 문제 해결 과정 • 출력 처리하기	

이를 바탕으로 소스 코드를 작성한 후 코드업에 제출해 보자.

소스 코드

15 세모 바퀴 자르기

문제 제시

세모나라에서는 자전거 바퀴가 모두 세모이다. 자전거 바퀴의 재료가 되는 길이가 n인 철심의 두 부분을 접어서 세모 모양으로 용접하면 하나의 바퀴를 만들 수 있다.

사장은 길이가 n인 철심으로 가능한 한 서로 다른 형태의 세모 바퀴를 많이 만들고 싶어 한다. 길이 n이 입력되면 만들 수 있는 삼각형 바퀴의 형태를 출력하는 프로그램을 작성하시오.

단, 세모 바퀴를 만들 수 없다면 −1을 출력하시오.

입력 설명

철심의 길이 n이 입력된다. ($3 \leq n \leq 50$)

출력 설명

① 만들 수 있는 세모 바퀴의 형태를 모두 출력한다. 이때 세 변의 길이를 공백으로 분리하여 출력한다.
② 모든 길이는 자연수이며, 철심의 일부를 자를 수 없다.
③ 한 세모 바퀴에 대해서는 각 변의 길이가 짧은 것으로부터 긴 것 순으로 출력한다.
④ 각 세모 바퀴는 짧은 변의 길이가 짧은 것으로부터 긴 것 순으로 출력한다.
⑤ 가장 짧은 변의 길이가 같으면, 그 다음 긴 변들을 기준으로 ④를 적용한다.

입출력 예시

예시 번호	입력	출력	설명
1	9	1 4 4 2 3 4 3 3 3	길이가 9인 철심으로 만들 수 있는 삼각형은 3개이다.
2	4	−1	길이가 4인 철심으로 만들 수 있는 삼각형은 없다.
3	15	1 7 7 2 6 7 3 5 7	길이가 15인 철심으로 만들 수 있는 삼각형은 7개이다.

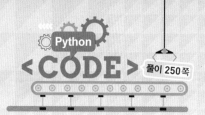

		3 6 6	
		4 4 7	
		4 5 6	
		5 5 5	

 문제 해결을 위한 설계

이 문제를 해결하기 위한 과정과 순서도를 자유롭게 작성해 보자.

문제 해결 과정	순서도
• 문제 해결에 필요한 변수 정하기 • 입력 처리하기 • 문제 해결 과정 • 출력 처리하기	

이를 바탕으로 소스 코드를 작성한 후 코드업에 제출해 보자.

소스 코드
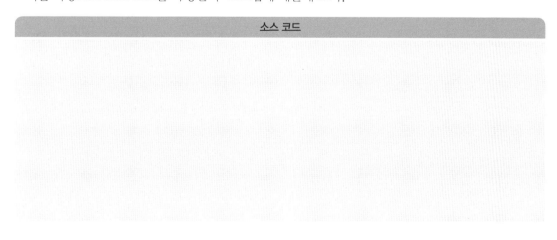

윷놀이 코드업 문제 번호: 1207

📝 문제 제시

윷놀이는 4개의 윷을 이용하는 게임이다.

▲ **도:** 1개가 뒤집어진 상태 ▲ **개:** 2개가 뒤집어진 상태 ▲ **걸:** 3개가 뒤집어진 상태 ▲ **윷:** 4개가 뒤집어진 상태 ▲ **모:** 하나도 뒤집어지지 않은 상태

4개의 윷 상태가 입력되면 도, 개, 걸, 윷, 모를 출력하는 프로그램을 작성하시오.

⌨️ 입력 설명

① 윷의 4가지 상태가 공백으로 구분되어 입력된다.
② 윷의 상태가 0이면 뒤집어지지 않은 상태, 1이면 뒤집어진 상태를 의미한다.

🖥️ 출력 설명

윷의 상태를 보고 도, 개, 걸, 윷, 모를 판단하여 출력한다.

📋 입출력 예시

예시 번호	입력	출력	설명
1	0 0 1 0	도	1개가 뒤집어진 상태이므로 '도'이다.
2	0 1 0 1	개	2개가 뒤집어진 상태이므로 '개'이다.
3	1 0 1 1	걸	3개가 뒤집어진 상태이므로 '걸'이다.
4	1 1 1 1	윷	4개가 뒤집어진 상태이므로 '윷'이다.
5	0 0 0 0	모	하나도 뒤집어지지 않은 상태이므로 '모'이다.

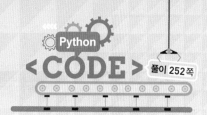

풀이 252쪽

문제 해결을 위한 설계

이 문제를 해결하기 위한 과정과 순서도를 자유롭게 작성해 보자.

문제 해결 과정	순서도
• 문제 해결에 필요한 변수 정하기	
• 입력 처리하기	
• 문제 해결 과정	
• 출력 처리하기	

이를 바탕으로 소스 코드를 작성한 후 코드업에 제출해 보자.

소스 코드

17 뒤집어 더하기 코드업 문제 번호: 1617

📎 문제 제시

앞으로 읽으나 뒤로 읽으나 똑같은 문장을 회문이라고 한다. 예를 들어, "기러기"는 거꾸로 읽어도 "기러기"이다. 이를 이용하여 "뒤집어 더하기 암호"라는 것을 개발하였다.

뒤집어 더하기 암호는 입력받은 숫자를 뒤집어서 더했을 때, 그 수가 회문이 되면 정상적인 암호이고, 회문이 아니라면 비정상적인 암호로 처리한다. 예를 들어, 195는 뒤집은 수 591과 더하면 786이 되므로 비정상적인 암호이다. 이와는 달리 5214는 뒤집은 수 4125와 더하여 9339가 되어 정상적인 암호임을 알 수 있다.

```
    195         786         1473        5214
 +) 591      +) 687      +) 3741     +) 4125
   ─────       ─────       ─────       ─────
    786        1473        5214        9339
```

한 숫자를 입력받아서 정상적인 암호인지 아닌지를 판단하는 프로그램을 작성하시오.

⌨ 입력 설명

첫 번째 줄에 정수 n이 입력된다. $(1 \leq n \leq 10{,}000)$

🖥 출력 설명

정상적인 암호이면 'YES', 비정상적인 암호이면 'NO'를 출력한다.

✅ 입출력 예시

예시 번호	입력	출력	설명
1	5214	YES	5214 + 4125 = 9339, 회문임
2	1234	YES	1234 + 4321 = 5555, 회문임
3	195	NO	195 + 591 = 786, 회문 아님
4	9009	NO	9009 + 9009 = 18018, 회문 아님
5	3298	YES	3298 + 8923 = 12221, 회문임

문제 해결을 위한 설계

이 문제를 해결하기 위한 과정과 순서도를 자유롭게 작성해 보자.

문제 해결 과정	순서도
• 문제 해결에 필요한 변수 정하기	
• 입력 처리하기	
• 문제 해결 과정	
• 출력 처리하기	

이를 바탕으로 소스 코드를 작성한 후 코드업에 제출해 보자.

소스 코드

18 성적 그래프 출력하기

📝 문제 제시

CS고등학교에서는 지필평가에서 10개의 과목을 평가한다.

성적 처리를 맡은 정보 선생님은 올해부터 개별 학생의 성적을 막대그래프로 나타내기로 결정했다. 하지만 일일이 그래프를 그리기에는 시간이 너무 걸리므로 이를 프로그램화 하려고 한다.

10개 과목의 점수가 입력되면 막대그래프로 출력하는 프로그램을 작성하시오.

10점당 #을 하나씩 추가해서 출력하고, 10점 미만은 #을 출력하지 않는다. 즉, 100점은 #이 10개이다. 그래프 형식은 입출력 예시를 참고한다.

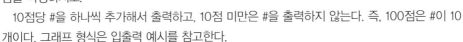

⌨ 입력 설명

10개 과목의 점수가 공백으로 구분되어 입력된다. 각 과목의 점수는 0~100 사이이다.

🖥 출력 설명

입력된 점수에 따라 입출력 예시를 참고하여 막대그래프를 출력한다.

📋 입출력 예시

예시 번호	입력	출력
| 1 | 25 20 30 40 56 79 8 15 90 52 | ```
                #
                #
          #     #
                #     #
        #   #     #   #
      # #   #     #   #
      # # #       #   #
# # # # #       #   #
# # # # #     # # #
``` |
| 2 | 0000000000 | |
```

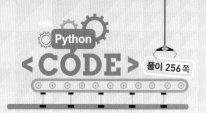

3	66 93 20 59 52 11 88 37 91 82	```
		      # #
		      # # # #
		      # # # #
		  # # # # #
		  # # # # # # #
		  # # # # # # #
		  # # # # # # #
		  # # # # # # # #
		  # # # # # # # # #
		``

 문제 해결을 위한 설계

이 문제를 해결하기 위한 과정과 순서도를 자유롭게 작성해 보자.

문제 해결 과정	순서도
• 문제 해결에 필요한 변수 정하기 • 입력 처리하기 • 문제 해결 과정 • 출력 처리하기	

이를 바탕으로 소스 코드를 작성한 후 코드업에 제출해 보자.

소스 코드

19 광석 제련하기

코드업 문제 번호: 1678

문제 제시

광석을 제련하는 공장이 있다. 이 공장에서는 5*5 광석을 채집한 후 3*3의 크기로 자를 수 있는 공구를 이용하여, 3*3 만큼만 채취하여 판매한다.
5*5 광석의 각 위치의 가치가 주어질 때, 가장 가치가 높은 3*3 부분을 찾아 그 가치를 출력하는 프로그램을 작성하시오.

입력 설명

① 5행 5열의 정수가 입력된다.
② 입력되는 수는 모두 25개이며, 공백으로 구분된다.
③ 각 수의 값은 모두 100 이하의 자연수이다.

출력 설명

최대 가치를 가지는 3*3 영역의 가치의 합을 출력한다.

입출력 예시

예시 번호	입력	출력	설명
1	1 1 1 1 1 1 1 2 2 2 1 1 2 2 2 1 1 2 2 2 1 1 1 1 1	18	2 2 2 2 2 2 2 2 2 이 영역이 최대 가치 영역이므로 18을 출력한다.
2	1 1 1 1 1 1 1 1 1 1 1 1 1 1 1 1 1 1 1 1 1 1 1 1 1	9	1 1 1 1 1 1 1 1 1 이 영역이 최대 가치 영역이므로 9를 출력한다.
3	22 75 10 52 19 50 59 42 50 19 43 72 58 86 100 74 56 28 3 15 20 77 43 5 48	504	75 10 52 59 42 50 72 58 86 이 영역이 최대 가치 영역이므로 504를 출력한다.

풀이 258쪽

문제 해결을 위한 설계

이 문제를 해결하기 위한 과정과 순서도를 자유롭게 작성해 보자.

문제 해결 과정	순서도
• 문제 해결에 필요한 변수 정하기	
• 입력 처리하기	
• 문제 해결 과정	
• 출력 처리하기	

이를 바탕으로 소스 코드를 작성한 후 코드업에 제출해 보자.

소스 코드

20 홀수 마방진 코드업 문제 번호: 1510

문제 제시

마방진(magic square)이란 가로, 세로, 대각선의 합이 모두 같은 사각형을 말한다.

홀수 n을 입력으로 받아 n*n 홀수 마방진을 만들어 보자. 만드는 방법은 여러 가지 방법이 있지만, 아래와 같은 방법을 이용하여 구현하시오.

8	1	6
3	5	7
4	9	2

구현 방법
① 시작은 첫 행, 한가운데 열에 1을 둔다.
② 행은 감소, 열은 증가하면서 순차적으로 수를 넣어간다.
③ 행은 감소하므로 첫 행보다 작아지는 경우에는 마지막 행으로 넘어간다.
④ 열은 증가하므로 마지막 열보다 커지는 경우에는 첫 열로 넘어간다.
⑤ 넣은 수가 n의 배수이면 행만 증가한다. 열은 변화가 없다.

입력 설명

마방진의 크기인 n이 입력된다. (n은 50보다 작은 홀수인 정수)

출력 설명

위 방법대로 크기가 n인 홀수 마방진을 출력한다.

입출력 예시

예시 번호	입력	출력	설명
1	3	8 1 6 3 5 7 4 9 2	
2	1	1	문제에서 제시한 구현 방법을 적용하여 가로, 세로, 대각선의 합이 동일한 마방진을 출력한다.
3	5	17 24 1 8 15 23 5 7 14 16 4 6 13 20 22 10 12 19 21 3 11 18 25 2 9	

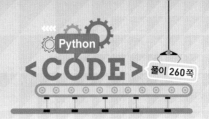

문제 해결을 위한 설계

이 문제를 해결하기 위한 과정과 순서도를 자유롭게 작성해 보자.

문제 해결 과정	순서도
• 문제 해결에 필요한 변수 정하기 • 입력 처리하기 • 문제 해결 과정 • 출력 처리하기	

이를 바탕으로 소스 코드를 작성한 후 코드업에 제출해 보자.

소스 코드

21 아메리카노 코드업 문제 번호: 2009

문제 제시

학교 앞 카페에서 아메리카노 한 잔을 사면 쿠폰을 한 장 받을 수 있다. 이 쿠폰은 카페에서 요구하는 필요 개수(n)를 채우면 아메리카노 한 잔으로 다시 교환할 수 있다.

그런데 이 가게는 특이하게도 쿠폰을 모아 아메리카노로 교환할 때에도 쿠폰을 또 한 장 준다.

현재 영일이가 가진 쿠폰의 개수(k)와 카페에서 요구하는 필요 쿠폰 개수(n)가 입력되면, 최대한 먹을 수 있는 아메리카노의 개수를 계산하는 프로그램을 작성하시오.

입력 설명

현재 영일이가 가진 쿠폰 개수(k)와 카페에서 요구하는 필요 쿠폰 개수(n)는 공백으로 구분되어 입력된다. $(1 \le k \le 2{,}000)$, $(1 \le n \le 1000)$

출력 설명

영일이가 먹을 수 있는 최대 아메리카노 개수를 출력한다.

입출력 예시

예시 번호	입력	출력	설명
1	10 3	4	10개의 쿠폰으로 아메리카노 4개를 얻을 수 있다.
2	10 2	9	10개의 쿠폰으로 아메리카노 2개를 얻을 수 있다.
3	9 10	0	9개의 쿠폰으로 아메리카노를 얻을 수 없다.
4	920 6	183	920개의 쿠폰으로 아메리카노 183개를 얻을 수 있다.

206 PART 2 코드업과 함께 하는 문제 해결

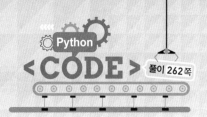

Python <CODE> 풀이 262쪽

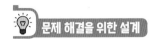

문제 해결을 위한 설계

이 문제를 해결하기 위한 과정과 순서도를 자유롭게 작성해 보자.

문제 해결 과정	순서도
• 문제 해결에 필요한 변수 정하기	
• 입력 처리하기	
• 문제 해결 과정	
• 출력 처리하기	

이를 바탕으로 소스 코드를 작성한 후 코드업에 제출해 보자.

소스 코드

덧셈, 뺄셈으로 m 만들기 코드업 문제 번호: 2748

문제 제시

영일이는 숫자 0에서 n개의 수를 덧셈과 뺄셈을 이용하여 m으로 만들려고 한다.

예를 들어 n = 2이고 1, −1로 m = 0을 만드는 경우는 다음과 같다.

```
0 + 1 + (−1) = 0
0 − 1 − (−1) = 0
```

n개의 수를 덧셈과 뺄셈을 이용하여 m이 되는 경우의 수를 모두 구하시오.

입력 설명

① 첫째 줄에 m이 입력된다.
② 둘째 줄에 n이 입력된다. $(0 \leq n \leq 20)$
③ 셋째 줄에 n개의 수들이 공백으로 분리되어 입력된다.

출력 설명

m을 만들 수 있는 경우의 수를 출력한다. 입력되는 수들은 모두 사용해야 하며 한 번씩만 사용할 수 있다.

입출력 예시

예시 번호	입력	출력	설명
1	10 3 1 4 5	1	한 가지 방법만 존재한다.
2	2 3 1 2 3	1	한 가지 방법만 존재한다.

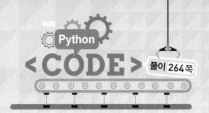
| 3 | 3
7
8 1 3 6 2 10 5 | 7 | 일곱 가지 방법이 존재한다. |
| 4 | 1
10
1 4 7 10 13 16 19 22 25 28 | 0 | m을 만들 수 있다. |

 문제 해결을 위한 설계

이 문제를 해결하기 위한 과정과 순서도를 자유롭게 작성해 보자.

문제 해결 과정	순서도
• 문제 해결에 필요한 변수 정하기 • 입력 처리하기 • 문제 해결 과정 • 출력 처리하기	

이를 바탕으로 소스 코드를 작성한 후 코드업에 제출해 보자.

소스 코드

23 천 단위 구분 기호

코드업 문제 번호: 2016

문제 제시

큰 수를 표현할 때 자릿수를 쉽게 구분하기 위해 천 단위 구분 기호인 콤마(,)를 사용한다.

어떤 수가 입력되면 천 단위 구분 기호를 넣어 그 수를 다시 출력하는 프로그램을 작성하시오.

입력 설명

① 첫째 줄에 숫자의 길이 n이 입력된다. ($1 \le n \le 200$)
② 둘째 줄에 길이가 n인 숫자가 입력된다.

출력 설명

입력된 수를 천 단위 구분 기호 콤마를 넣어 출력하시오.

입출력 예시

예시 번호	입력	출력	설명
1	8 12421421	12,421,421	3자리마다 콤마를 넣어 출력한다.
2	3 123	123	
3	4 5295	5,295	
4	15 531242123232521	531,242,123,232,521	

 **문제 해결을 위한 설계**

이 문제를 해결하기 위한 과정과 순서도를 자유롭게 작성해 보자.

문제 해결 과정	순서도
• 문제 해결에 필요한 변수 정하기 • 입력 처리하기 • 문제 해결 과정 • 출력 처리하기	

이를 바탕으로 소스 코드를 작성한 후 코드업에 제출해 보자.

소스 코드

문제 제시

괄호 문자열이 주어지면 올바른 괄호 문자열인지 판단하는 프로그램을 작성하시오.

올바른 괄호 문자열이란 여는 괄호와 닫는 괄호의 짝이 맞고, 포함 관계에 문제가 없는 문자열을 말한다.

예를 들어)()(인 경우 여는 괄호와 닫는 괄호의 짝이 맞지 않으므로 올바른 괄호 문자열이 아니다.

(()())인 경우 괄호의 짝이 맞고, 포함 관계가 맞으므로 올바른 괄호 문자열이다.

입력 설명

① '('와 ')'로 이루어진 50,000글자 이하의 괄호 문자열이 입력된다.

② 문자열 중간에 공백이나 다른 문자는 포함되지 않는다.

출력 설명

올바른 괄호 문자열이면 'good', 아니면 'bad'를 출력한다.

입출력 예시

예시 번호	입력	출력	설명
1	))()((	bad	올바른 괄호 문자열이 아님.
2	(	bad	올바른 괄호 문자열이 아님.
3	)	bad	올바른 괄호 문자열이 아님.
4	()()	good	올바른 괄호 문자열임.
5	((()))	good	올바른 괄호 문자열임.
6	(()()(()))()	good	올바른 괄호 문자열임.
7	((())))	bad	올바른 괄호 문자열이 아님.

Python
< CODE > 풀이 268쪽

문제 해결을 위한 설계

이 문제를 해결하기 위한 과정과 순서도를 자유롭게 작성해 보자.

문제 해결 과정	순서도
• 문제 해결에 필요한 변수 정하기	
• 입력 처리하기	
• 문제 해결 과정	
• 출력 처리하기	

이를 바탕으로 소스 코드를 작성한 후 코드업에 제출해 보자.

소스 코드

25 교집합과 합집합 코드업 문제 번호: 2765

 문제 제시

두 집합의 연산을 프로그램화하려고 한다.

예를 들어 집합 A = {1, 2, 3, 6}이고, B = {2, 4, 6, 9, 10}이면, 이 두 집합의 교집합은 {2, 6}이고, 합집합은 {1, 2, 3, 4, 6, 9, 10}이다. 두 집합이 입력될 때, 교집합과 합집합의 결과를 각각 출력하시오.

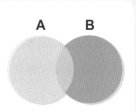

입력 설명

① 첫 번째 줄에 집합 A의 원소 개수 N이 입력된다. (1 ≤ N ≤ 100)
② 두 번째 줄에 집합 A의 원소가 공백으로 분리되어 오름차순으로 입력된다. (각 원소의 값은 1~200 사이의 수)
③ 첫 번째 줄에 집합 B의 원소의 개수 M이 입력된다. (1 ≤ M ≤ 100)
④ 두 번째 줄에 집합 B의 원소가 공백으로 분리되어 오름차순으로 입력된다. (각 원소의 값은 1~200 사이의 수)

출력 설명

① 첫 번째 줄에 교집합의 결과를 공백으로 분리하여 오름차순으로 출력한다. 만약 교집합의 결과가 공집합인 경우 0을 출력한다. 0 다음에는 공백을 출력하지 않음에 유의한다.
② 두 번째 줄에 합집합의 결과를 공백으로 분리하여 오름차순으로 출력한다.

입출력 예시

예시 번호	입력	출력	설명
1	4 1 2 3 6 5 2 4 6 9 10	2 6 1 2 3 4 6 9 10	교집합은 {2, 6} 합집합은 {1, 2, 3, 4, 6, 9, 10}
2	1 1 1 2	0 1 2	교집합은 공집합 합집합은 {1, 2}

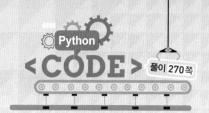
| 3 | 5
1 2 3 4 7
5
1 2 3 4 7 | 1 2 3 4 7
1 2 3 4 7 | 교집합은 {1, 2, 3, 4, 7}
합집합은 {1, 2, 3, 4, 7} |

 **문제 해결을 위한 설계**

이 문제를 해결하기 위한 과정과 순서도를 자유롭게 작성해 보자.

문제 해결 과정	순서도
• 문제 해결에 필요한 변수 정하기 • 입력 처리하기 • 문제 해결 과정 • 출력 처리하기	

이를 바탕으로 소스 코드를 작성한 후 코드업에 제출해 보자.

소스 코드

26 쌍둥이 소수 코드업 문제 번호: 2607

문제 제시

쌍둥이 소수(twin prime)는 두 수의 차가 2인 소수의 쌍을 말한다. 즉, (p, p+2)이다.

시작 수와 마지막 수가 입력되면 그 안의 쌍둥이 소수쌍을 모두 구하는 프로그램을 작성하시오.

단, 출력할 쌍둥이 소수는 모두 시작 수와 마지막 수 안에 있어야 한다.

입력 설명

시작 수 a와 마지막 수 b가 입력된다. $(2 \leq a \leq b \leq 4,000,000)$

출력 설명

① 쌍둥이 소수쌍을 한 줄에 하나씩 출력한다.
② 작은 숫자를 먼저 출력하고, 큰 숫자를 뒤에 출력한다.

입출력 예시

예시 번호	입력	출력	설명
1	2 20	3 5 5 7 11 13 17 19	2~20의 쌍둥이 소수 4쌍을 모두 출력한다.
2	3 5	3 5	3~5의 쌍둥이 소수 1쌍을 모두 출력한다.
3	520 599	521 523 569 571	520~599의 쌍둥이 소수 2쌍을 모두 출력한다.

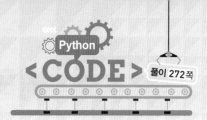
문제 해결을 위한 설계

이 문제를 해결하기 위한 과정과 순서도를 자유롭게 작성해 보자.

문제 해결 과정	순서도
• 문제 해결에 필요한 변수 정하기	
• 입력 처리하기	
• 문제 해결 과정	
• 출력 처리하기	

이를 바탕으로 소스 코드를 작성한 후 코드업에 제출해 보자.

소스 코드

기억력 테스트 3 코드업 문제 번호: 3002

문제 제시

엄마는 주현이를 영재로 키우기 위해 매일 혹독한 기억력 테스트를 하고 있다.

N개의 숫자를 먼저 말해 주고, M개의 질문을 하면서 그 숫자를 몇 번째로 불렀는지 테스트한다. 이번 테스트가 어려울 것을 예상하여 N개의 데이터를 부를 때 오름차순으로 부른다.

이 테스트를 통과할 경우 주현이는 최신 장난감을 받을 수 있다.

주현이를 도와주는 프로그램을 작성하시오.

입력 설명

① 첫째 줄에 N이 입력된다. ($1 \leq N \leq 1,000,000$)

② 둘째 줄에 N개의 서로 다른 숫자가 공백으로 구분되어 오름차순으로 입력된다.
   (데이터 값의 범위: $1 \sim 100,000,000$)

③ 셋째 줄에 질문의 수 M이 입력된다. ($1 \leq M \leq 100,000$)
   단, 질문은 오름차순으로 묻지 않는다.

④ 넷째 줄에 M개의 질문이 입력된다.

출력 설명

M개의 질문에 대해 그 숫자가 있었으면 그 숫자를 몇 번째로 불렀는지 출력하고, 없었으면 −1을 차례대로 출력한다.

입출력 예시

예시 번호	입력	출력	설명
1	5 2 23 55 87 100 4 5 2 100 55	−1 1 5 3	[2, 23, 55, 87, 100]에서 5는 없으므로 −1, 2는 첫 번째로 불렀으므로 1, 100은 다섯 번째로 불렀으므로 5, 55는 세 번째로 불렀으므로 3을 출력한다.

2	3 10 20 30 2 20 25	2 −1	[10, 20, 30]에서 20은 2번째로 불렀으므로 2, 25는 없으므로 −1을 출력한다.

 문제 해결을 위한 설계

이 문제를 해결하기 위한 과정과 순서도를 자유롭게 작성해 보자.

문제 해결 과정	순서도
• 문제 해결에 필요한 변수 정하기 • 입력 처리하기 • 문제 해결 과정 • 출력 처리하기	

이를 바탕으로 소스 코드를 작성한 후 코드업에 제출해 보자.

소스 코드

풀이 개념 확인/스스로 점검하기

01
```
for k in range(1, 1001)
    if k % 3 == 0:
        sum += k
```

02
```
for i in range(5)
    for j in range(5 - i):
        print("*", end="")
    print( )
```

01 ①, ②, ④

02 ④

03 ③

04 ③

05 ①

01
```
a = [0] * 10
for i in range(10):
    a[i] = int(input( ))
for i in range(9, -1, -1):
    print(a[i])
```

02

1	2	3	4	5	6	7	8	9	10
a[0]	a[1]	a[2]	a[3]	a[4]	a[5]	a[6]	a[7]	a[8]	a[9]

01 55

02
```
if x > y:
    return y
else:
    return x
```

01
```
if x == 1:
    return 1
else:
    return f(x - 1) + x
```

02
```
if x == 0:
    return
for i in range(x):
    print("*", end="")
print( )
f(x - 1)
```

01 ①

02 ⑤

03 ⑤

04 ①

정수 계산기

💬 이 문제는 두 정수 a, b를 입력받아 다섯 가지 연산의 형태로 출력하는 프로그램이다.

```
01    a, b = input( ).split( )
02
03    a = int(a)
04    b = int(b)
05
06    print("%d + %d = %d" % (a, b, a+b))
07    print("%d - %d = %d" % (a, b, a-b))
08    print("%d * %d = %d" % (a, b, a*b))
09    print("%d / %d = %d" % (a, b, a//b))
10    print("%d %% %d = %d" % (a, b, a%b))
```

1. 프로그램 설계

(1) 변수 설정

변수명	타입	설명
a	정수	입력된 첫 번째 정수 값을 저장하는 변수
b	정수	입력된 두 번째 정수 값을 저장하는 변수

(2) 출력 양식 설정

출력 양식은 다음과 같다.

```
a + b = c
a - b = d
a * b = e
a / b = f
a % b = g
```

알파벳에 해당되는 위치에 실제 정수를 출력해야 하므로 '%d' 서식 지정자를 이용하여 표현한다. print( )는 기본적으로 명령이 끝나면 줄 바꿈을 해 주므로 마지막에 '\n'을 넣을 필요가 없다.

```
%d + %d = %d
%d - %d = %d
%d * %d = %d
%d / %d = %d
%d %% %d = %d
```

마지막 줄의 나머지 연산자 '%'를 출력하기 위해 '%%' 서식 지정자를 사용하였다. '%'는 print( )에서 서식 지정자의 시작을 의미하므로 특별한 문자로 취급되기 때문이다.

2. 프로그램 설명

- **01행**: 값을 입력할 때 공백을 이용하여 두 정수를 분리하는 경우 'input( ).split( )' 명령을 사용한다.
- **03~04행**: input( )으로 입력받은 값은 기본적으로 문자열(str)로 처리되므로, 정수 계산을 위해 정수형(int)으로 바꿔 줘야 한다. 이때 변환하는 명령이 int( )이다.
- **06~10행**: 출력 양식을 그대로 적용하였다. '%d'의 개수와 순서에 맞게 변수를 써 주어야 한다.

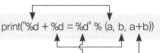

- **09행**: 'a/b'가 아니라 'a//b'를 한 이유는 출력 결과도 정수이기 때문이다.

> **🔔 잠깐 5/2 vs 5//2**
>
> - 5/2: 소수점까지 계산하여 2.5라는 결과가 나온다.
> - 5//2: 정수 나눗셈으로 2라는 결과가 나온다. 소수점 이하는 버린다.

- **10행**: '%'를 출력하기 위해 '%%'를 사용하였다.

> **🔔 잠깐 파이썬 서식 지정자의 종류**
>
> | 종류 | 설명 |
> | --- | --- |
> | %s | 문자열(string) |
> | %c | 문자 1개(character) |
> | %d | 10진수 정수 |
> | %f | 부동 소수, 실수 |
> | %o | 8진수 정수 |
> | %x | 16진수 정수 |
> | %% | % 기호 출력 |

다른 풀이 print( ) 명령에서 출력할 값과 값 사이를 콤마(,)로 구분하면 한 칸 띄워 출력하는 효과를 볼 수 있다.

```
01   a, b = input( ).split( )
02
03   a = int(a)
04   b = int(b)
05
06   print(a, '+', b, '=', a+b)
07   print(a, '-', b, '=', a-b)
08   print(a, '*', b, '=', a*b)
09   print(a, '/', b, '=', a//b)
10   print(a, '%', b, '=', a%b)
```

성적 계산하기

풀이 02

> 이 문제는 반영 비율과 각 고사의 점수를 알고 있을 때 합산 점수를 계산하는 프로그램이다.

```
01    a, b = input( ).split( )
02    c, d = input( ).split( )
03    e, f = input( ).split( )
04
05    a = float(a)
06    c = float(c)
07    e = float(e)
08    b = int(b)
09    d = int(d)
10    f = int(f)
11
12    s = a * b + c * d + e * f
13    print("%.1f"%s)
```

1. 프로그램 설계

(1) 변수 설정

입력 조건에서 제시한 입력 항목들이 여섯 가지이므로 입력을 위한 변수는 6개 필요하다. 각 변수들의 자료형을 살펴보면 반영 비율은 실수형, 점수는 정수형이다. 즉, 실수형 변수 3개, 정수형 변수 3개가 입력에 사용된다.

또한, 각각의 반영 비율과 점수를 곱해서 모두 더한 값을 저장하는 변수가 하나 있어야 하고, 결과가 실수형이므로 실수형 변수이어야 한다. 즉, 이 문제에서 필요한 변수는 총 7개이다. 입력을 받아 타입(자료형)에 맞게 변수를 변환하도록 한다.

변수명	타입	설명
a	실수	중간고사 반영 비율을 저장하는 변수
b	정수	중간고사 점수를 저장하는 변수
c	실수	기말고사 반영 비율을 저장하는 변수
d	정수	기말고사 점수를 저장하는 변수
e	실수	수행평가 반영 비율을 저장하는 변수
f	정수	수행평가 점수를 저장하는 변수
s	실수	반영 비율을 적용한 환산 총점을 저장하는 변수

(2) 출력 양식 설정

소수점 이하 첫째 자리까지 출력해야 하므로 '%.1f'를 이용한다.

2. 프로그램 설명

- **01~03행**: 세 줄에 걸쳐 입력이 이루어진다. 공백을 이용하여 두 정수를 분리하는 경우 'input( ).split( )' 명령을 사용한다.
- **05~07행**: input( )으로 입력받은 반영 비율은 기본적으로 문자열(str)로 처리되므로, 실수형으로 변환하기 위해 float( ) 명령을 사용한다.
- **08~10행**: 입력받은 점수를 정수형으로 변환하기 위해 int( ) 명령을 사용한다.
- **12행**: 합산 점수를 계산하는 방법을 식으로 표현한다.
- **13행**: 소수점 이하 첫째 자리까지 출력하기 위해 '%.1f' 서식 지정자를 이용한다.

다른풀이 print( )에서 format( ) 명령을 이용하여 출력 양식을 설정할 수 있다.

```
01  a, b = input( ).split( )
02  c, d = input( ).split( )
03  e, f = input( ).split( )
04
05  a = float(a)
06  c = float(c)
07  e = float(e)
08  b = int(b)
09  d = int(d)
10  f = int(f)
11
12  s = a * b + c * d + e * f
13  print("{:.1f}".format(s))
```

사주보기 2

➡️ 이 문제는 연, 월, 일의 합에 100의 자리 숫자가 짝수인지 아닌지를 판단하여 출력하는 프로그램이다.

```
01   y, m, d = input( ).split( )
02   y = int(y)
03   m = int(m)
04   d = int(d)
05
06   s = (y+m+d) // 100 % 10
07   if s%2 == 0:
08     print("대박")
09   else:
10     print("그럭저럭")
```

1. 프로그램 설계

(1) 변수 설정

입력되는 변수는 다음과 같다.

변수명	타입	설명
y	정수	태어난 연도를 저장하는 변수
m	정수	태어난 월을 저장하는 변수
d	정수	태어난 일일 저장하는 변수
s	정수	사주 계산식을 저장하는 변수

(2) 정수 분리하기

프로그래밍에서 정수를 분리하는 방법이 자주 사용된다. 나눗셈의 원리를 이용하면 쉽게 정수를 분리할 수 있다. 다음 예시를 통해 숫자를 분리하는 방법을 살펴보자.

```
1923 ÷ 10 = 192 … 3
1923 ÷ 100 = 19 … 23
1923 ÷ 1000 = 1 … 923
```

여기서 몫은 '//' 연산자로 구할 수 있고, 나머지는 '%' 연산자로 구할 수 있다.

10의 배수를 나눈 몫과 나머지를 조합하면 원하는 자릿수를 분리하는 결과를 만들 수 있다. 100의 자리 숫자만 남기고 싶은 경우 다음과 같이 두 번의 연산을 하면 된다.

```
1923 // 100 = 19
19 % 10 = 9
```

(3) 홀짝 구분하기

프로그래밍에서 홀수와 짝수를 구분하려면 해당 숫자가 2의 배수인지 아닌지를 판단하여 결정한다. 수학식에서 2의 배수를 '2n'으로 표현하지만, 여기서는 나머지를 구한 값을 이용한다. 어떤 수 n을 2로 나누었을 때 나머지 값이 0이면 2의 배수, 즉 짝수이고, 나머지 값이 0이 아니면 홀수이다. 이를 확장하면 어떤 수 n이 x의 배수인지 아닌지를 판별할 수 있다.

```
if n % 2 == 0:
    print("짝수")
else:
    print("홀수")
```

```
if n % x == 0:
    print("x의 배수")
else:
    print("x의 배수가 아님")
```

2. 프로그램 설명

- **01행**: input( )으로 한 줄을 입력받고, 공백을 기준으로 분리하여 각각의 변수에 순서대로 저장한다.
- **02~04행**: 입력된 수를 정수형으로 변환한다.
- **06행**: 사주 계산식인 (연＋월＋일)의 결과에 100의 자리 숫자만 남겨 s에 저장한다.
- **07~10행**: s의 값이 짝수이면 "대박", 홀수이면 "그럭저럭"을 출력한다.

비만도 측정하기 2

➡️ 이 문제는 키와 몸무게를 이용하여 표준 몸무게를 계산하고, BMI를 이용하여 등급을 판정하는 프로그램이다.

```
01    h,w = input( ).split( )
02    h = float(h)
03    w = float(w)
04
05    if h < 150:
06        stdw = h - 100
07    elif h < 160:
08        stdw = (h-150) / 2 + 50
09    else:
10        stdw = (h-100) * 0.9
11
12    bmi = (w-stdw) * 100 / stdw
13    if bmi <= 10:
14        print("정상")
15    elif bmi <= 20:
16        print("과체중")
17    else:
18        print("비만")
```

1. 프로그램 설계

(1) 변수 설정

인력 조건에서 제시한 입력 항목이 키와 몸무게이므로 입력에 대한 변수는 2개 필요하다. 키와 몸무게가 정수로 입력되는 경우도 있지만, BMI 계산 과정에서 실수로 변환되므로 실수로 처리하는 것이 좋다.

변수명	타입	설명
h	실수	키를 저장하는 변수
w	실수	몸무게를 저장하는 변수
stdw	실수	표준 몸무게를 저장하는 변수
bmi	실수	BMI를 저장하는 변수

(2) 조건에 따른 분류

　문제 설명을 읽은 후 내용을 분류하고, 식을 정리하는 것이 중요하다. 이 문제는 키에 따라 표준 몸무게를 계산하는 식이 달라지므로 키를 if~elif~else문으로 나누어 계산하도록 한다. 이렇게 구한 표준 몸무게로 BMI를 계산한 후 다시 if~elif~else문으로 체중을 판별한다.

2. 프로그램 설명

- **01~03행**: 입력이 이루어진다. 공백을 이용하여 두 수를 분리하고 실수형으로 정의한다.
- **05~10행**: if~elif~else문을 이용하여 키에 따른 표준 몸무게를 계산한다. 실수형을 나눗셈할 때는 '/'를 이용하므로 '//'를 사용하지 않도록 유의한다.
- **12행**: 구한 표준 몸무게로 BMI를 계산한다.
- **13~18행**: BMI 수치에 따라 '정상/과체중/비만' 중 하나를 출력한다.

영어 서수로 표현하기

▶ 이 문제는 1~99의 수 중 하나가 입력되면 영어 서수 표현을 출력하는 프로그램이다.

```
01    n = input( )
02    n = int(n)
03
04    if 11 <= n <= 13:
05       print("%dth"%n)
06    elif n%10 == 1:
07       print("%dst"%n)
08    elif n%10 == 2:
09       print("%dnd"%n)
10    elif n%10 == 3:
11       print("%drd"%n)
12    else:
13       print("%dth"%n)
```

1. 프로그램 설계

(1) 변수 설정

입력되는 수는 1~99 사이의 정수 중 한 개이므로 변수 하나만 필요하다.

변수명	타입	설명
n	정수	입력된 정수를 저장하는 변수

(2) 조건 설계

기수를 서수 표현으로 나타낼 때 특징을 정리해 보면, 아래와 같다.

1의 자리 숫자	설명
□1	□1st
□2	□2nd
□3	□3rd
□ △ (△는 4 이상) 11, 12, 13	□△th 11th, 12th, 13th

(3) 1의 자리 숫자 알아내기

정수를 분리할 때, 10^n을 나눈 몫과 나머지를 활용한다. 1의 자리 숫자를 알아내기 위해서는 '정수 % 10' 연산을 활용한다.

(예) 31 % 10 = 1)

2. 프로그램 설명

- •01~02행: 정수 1개를 입력받아 n에 저장하고, 정수 타입으로 변환한다.
- •04~05행: n이 11~13 구간이면 예외 구간이므로 ~th를 붙여서 출력한다.
- •06~07행: n에서 1의 자리 숫자가 1이면, ~st를 붙여서 출력한다.
- •08~09행: n에서 1의 자리 숫자가 2이면, ~nd를 붙여서 출력한다.
- •10~11행: n에서 1의 자리 숫자가 3이면, ~rd를 붙여서 출력한다.
- •12~13행: 그 외 모든 수는 ~th를 붙여서 출력한다.

비교해 보기 다음은 모범 풀이와 비슷한 코드이다. 결과를 비교해 보고, 명령 구조의 차이를 이해해 보자.

프로그램 1

```
01    n = input( )
02    n = int(n)
03
04    if n%10 == 1:
05      print("%dst"%n)
06    elif n%10 == 2:
07      print("%dnd"%n)
08    elif n%10 == 3:
09      print("%drd"%n)
10    elif 11 <= n <= 13:
11      print("%dth"%n)
12    else:
13      print("%dth"%n)
```

230쪽 풀이의 04~05행의 위치가 달라진 것인데, 11~13의 수가 입력되면 11st, 12nd, 13rd가 출력된다. elif절로 조건이 연결된 경우 먼저 만나는 조건이 참이 되면 해당 명령만 실행한 후 후속 조건을 확인하지 않는다. 따라서 조건의 순서가 매우 중요하다.

프로그램 2

```
01    n = input( )
02    n = int(n)
03
04    if 11 <= n <= 13:
05      print("%dth"%n)
06    if n%10 == 1:
07      print("%dst"%n)
08    if n%10 == 2:
09      print("%dnd"%n)
10    if n%10 == 3:
11      print("%drd"%n)
12    else:
13      print("%dth"%n)
```

elif절을 사용하지 않고 if문만을 사용한 코드이다. if문만으로 연결할 경우 모든 if문이 실행되므로 조건이 참이 되는 모든 경우가 실행된다. 예를 들어, 11이 입력되면 11th 11st 11th가 모두 출력되므로 주의한다.

이 달은 며칠까지 있을까?

➡️ 이 문제는 연도와 월이 입력되면 그 달의 마지막 날이 며칠인지를 출력하는 프로그램이다.

```
01    year, month = input( ).split( )
02    year = int(year)
03    month = int(month)
04
05    if month == 1 or month == 3 or month == 5 or month == 7 or month == 8 or month == 10 or
      month == 12:
06        print(31)
07    elif month == 4 or month == 6 or month == 9 or month == 11:
08        print(30)
09    else:
10        if year % 400 == 0:
11            print(29)
12        elif year % 4 == 0 and year % 100 != 0:
13            print(29)
14        else:
15            print(28)
```

1. 프로그램 설계

(1) 변수 설정

입력 조건에서 제시한 입력 항목이 연도와 월이므로 입력 변수는 2개 필요하다. 그 변수들의 자료형(타입)은 정수형이다.

변수명	타입	설명
year	정수	연도를 저장하는 변수
month	정수	월을 저장하는 변수

(2) 조건 설계

❶ 월의 마지막 날 분류

월의 마지막 날이 30일인 월은 4월, 6월, 9월, 11월이고, 31일인 월은 1월, 3월, 5월, 7월, 8월, 10월, 12월이다. or 논리 연산자를 이용하면 이 부분을 효과적으로 표현할 수 있다.

1월 or 3월 or 5월 or 7월 or 8월 or 10월 or 12월 이면, "31"일 출력

4월 or 6월 or 9월 or 11월 이면, "30"일 출력

❷ 윤달 판별

윤달은 2월에만 해당되므로 ❶의 조건을 제외하면(else) 2월을 의미한다. else절 안에서 윤달 판별 조건을 적용한다. 윤달의 조건은 다음과 같다.

- 연도가 400의 배수인 경우
- 연도가 4의 배수이고, 100의 배수가 아닌 경우

이 두 조건 중 하나만 만족하면 2월이 윤달(29일)이다.

2. 프로그램 설명

- **01행:** 두 정수를 입력할 때 공백을 이용하여 분리한다.
- **02~03행:** 두 값을 정수형으로 변환한다.
- **05~06행:** 1, 3, 5, 7, 8, 10, 12월은 31일을 출력한다.
- **07~08행:** 4, 6, 9, 11월은 30일을 출력한다.
- **09~15행:** 2월인 경우 윤달인지 판별하여 윤달이면 29일, 아니면 28일을 출력한다.

다른 풀이 리스트와 인덱스를 이용하면 더 효율적으로 프로그램을 작성할 수 있다.

```
01   year, month = input( ).split( )
02   year = int(year)
03   month = int(month)
04
05   lastday = [0, 31, 28, 31, 30, 31, 30, 31, 31, 30, 31, 30, 31]
06   if year % 400 == 0:
07       lastday[2] += 1
08   elif year % 4 == 0 and year % 100 != 0:
09       lastday[2] += 1
10   print(lastday[month])
```

홀수는 더하고 짝수는 빼고 3

이 문제는 입력된 두 수의 구간에 홀수는 더하고, 짝수는 빼는 식을 출력하는 프로그램이다.

```
01    a, b = input( ).split( )
02    a = int(a)
03    b = int(b)
04
05    sum = 0
06    for i in range(a, b+1):
07        if i%2 == 1:
08            sum = sum + i
09            if i == a:
10                print(i, end='')
11            else:
12                print("+%d"%i, end='')
13        else:
14            sum = sum − i
15            print("−%d"%i, end='')
16
17    print("=%d"%sum)
```

1. 프로그램 설계

(1) 변수 설정

입력 조건에서 제시한 입력 항목이 두 가지이므로 입력에 대한 변수는 2개 필요하다. 시작 수와 마지막 수를 의미하며 정수형으로 변환해야 한다. a~b의 값을 더하고 뺀 값을 계산하는 변수도 필요하며 정수형으로 저장한다.

변수명	타입	설명
a	정수	시작 수를 저장하는 변수
b	정수	마지막 수를 저장하는 변수
sum	정수	a~b 구간의 더하고 뺀 값을 저장하는 변수

(2) 반복문 설계

❶ 반복 구간 설정

시작 수와 마지막 수까지 1씩 증가하는 형태이므로 반복문도 똑같이 작성한다.

```
for i in range(a, b+1):
```

❷ 홀수/짝수 판별 및 동작 설정

홀수와 짝수는 2의 배수인지를 확인하면 되므로 2로 나눈 나머지가 0인지를 확인하여 판별한다. i의 값이 홀수인 경우 sum 변수에 더하도록 설정한다. 화면에는 기본적으로 '+x' 형태를 출력하도록 하고, 짝수인 경우 i의 값을 sum 변수에서 빼도록 설정한다. 화면에는 '−x' 형태를 출력한다.

2. 프로그램 설명

- **01~03행:** 두 정수를 입력할 때 공백을 이용하여 분리하고, 정수형으로 변환한다.
- **05행:** 최종 결괏값을 저장하는 변수를 선언하고, 0으로 초기화한다.
- **06행:** a~b까지 1씩 증가하면서 반복하도록 반복문을 설정한다.
- **07~12행:** 홀수인 경우 sum 변수에 그 수를 더한다. 화면에 출력할 때 기본적으로 '+x' 형태로 출력하지만, 첫 번째 수가 홀수인 경우에는 '+' 기호를 출력하지 않도록 설정하였다. print( ) 명령은 기본적으로 실행 후 줄 바꿈을 실행하는데 줄이 바뀌지 않도록 하려면 print문에 end=''를 추가해야 한다.
- **13~15행:** 짝수인 경우 sum 변수에서 그 수를 뺀다. 화면에 '−x'를 출력한다.
- **16행:** 최종 누적 합을 출력한다.

다른 풀이 for문 대신 while문을 이용한 풀이다.

```
01  a, b = input( ).split( )
02  a = int(a)
03  b = int(b)
04
05  sum = 0
06  i = a
07  while (i <= b):
08      if i % 2 == 1:
09          sum = sum + i
10          if i == a:
11              print(i, end='')
12          else:
13              print("+%d"%i, end='')
14      else:
15          sum = sum − i
16          print("−%d"%i, end='')
17      i += 1
18  print("=%d"%sum)
```

바이러스 백신

3개의 정수를 입력받아서 3개의 정수 모두를 나누어떨어지게 하는 값들 중 가장 큰 값을 찾는 문제이다. 한 정수를 나누어떨어지게 하는 정수를 약수라고 하고, 2개 이상의 정수를 동시에 나누어떨어지게 하는 정수를 공약수라고 한다. 그 중 가장 큰 공약수를 최대공약수라 한다.

이 문제는 세 바이러스 번호가 입력되면 조건에 따라 가장 값이 싼 백신 번호를 출력하는 프로그램이다.

```
01    a, b, c = input( ).split( )
02    a = int(a)
03    b = int(b)
04    c = int(c)
05
06    for i in range(a, 0, −1):
07      if a % i == 0 and b % i == 0 and c % i == 0:
08        g = i
09        break
10    print(g)
```

1. 프로그램 설계

(1) 변수 설정

입력 조건에서 제시한 입력 항목이 세 가지이므로 입력 변수는 3개 필요하다. 그 변수들의 자료형은 정수형이다. 최대공약수를 저장하는 변수도 필요하며, 이 또한 정수형이다.

변수명	타입	설명
a	정수	첫 번째 바이러스 번호를 저장하는 변수
b	정수	두 번째 바이러스 번호를 저장하는 변수
c	정수	세 번째 바이러스 번호를 저장하는 변수
g	정수	가장 값이 싼 백신 번호를 저장하는 변수

(2) 반복문 설계

❶ 반복 구간 설정

a, b, c의 최대공약수를 구하는 문제이다. 3개의 수를 동시에 나누는 수 중 가장 큰 수를 구해야 하므로 반복문은 높은 수에서 1까지 1씩 감소하도록 설계한다.

```
for i in range(a, 0, −1):
```

❷ 논리 연산자를 이용한 조건 설정

a, b, c를 동시에 나누는 수를 찾으려면 'and' 조건이 필요하며, 이를 발견했을 때 즉시 반복문을 중단해야 하므로

'break'문을 사용한다.

2. 프로그램 설명

- **01~04행**: 3개의 정수를 입력할 때 공백을 이용하여 분리하고, 정수형으로 변환한다.
- **06행**: 반복문의 구간을 a부터 1까지 1씩 감소하면서 진행하도록 설정하였다. 반드시 a일 필요는 없으므로, b 또는 c로 설정해도 무방하다.
- **07~09행**: a, b, c를 동시에 나눌 수 있는 수를 찾고, 조건이 만족되면 최대공약수를 저장하는 변수 g에 그 수를 저장하고 반복문을 벗어난다.
- **10행**: 반복문 06~09행에서 구한 최대공약수 g를 출력한다.

 다른 풀이❶ 최대공약수를 유클리드 알고리즘 함수로 해결한 풀이다.

```
01    def gcd(a, b):
02        mod = a % b
03        while mod > 0:
04            a = b
05            b = mod
06            mod = a % b
07        return b
08
09    a, b, c = input( ).split( )
10    a = int(a)
11    b = int(b)
12    c = int(c)
13
14    print(gcd(gcd(a, b), c))
```

다른 풀이❷ 최대공약수를 math 라이브러리를 이용하여 해결한 풀이다.

```
01    import math
02    a, b, c = input( ).split( )
03    a = int(a)
04    b = int(b)
05    c = int(c)
06
07    n = math.gcd(math.gcd(a, b), c)
08    print(n)
```

1등과 꼴등

▷ 이 문제는 입력된 n개의 점수들 중 최댓값과 최솟값을 구하는 프로그램이다.

```
01    n = int(input( ))
02    data = map(int, input( ).split( ))
03    data = list(data)
04
05    maxval = 0
06    minval = 100
07    for i in range(n):
08       if data[i] > maxval:
09          maxval = data[i]
10       if data[i] < minval:
11          minval = data[i]
12    print(maxval, minval)
```

1. 프로그램 설계

(1) 변수 설정

입력 조건에서 제시한 입력 항목들의 개수는 입력 크기 n에 따라 유동적이므로 리스트 자료형이 필요하다. 모든 변수들의 자료형(타입)은 정수형이다.

변수명	타입	설명
n	정수	데이터의 크기를 정하는 변수
data	리스트	각각의 점수를 저장하는 리스트 변수
maxval	정수	최댓값을 저장하는 변수
minval	정수	최솟값을 저장하는 변수

(2) 반복문 설계

❶ 반복 구간 설정

총 n번을 반복해야 하므로 오른쪽과 같이 range(n)을 이용하여 간단하게 설정할 수 있다.

```
for i in range(n):
```

❷ 1등 점수 찾기(최댓값 구하기)

반복문을 통해 n개의 데이터를 하나하나 비교한다. 이때 최댓값을 저장하는 변수를 지정하여 이 변숫값보다 비교하는 점수가 더 크면 최댓값을 갱신하고, 작으면 다음으로 넘어간다. 이와 같은 방식으로 n개의 데이터를 모두 확인하면 최댓값을 구할 수 있다. 이와 같은 작업을 시작하려면 최댓값을 기억할 변수는 반드시 비교할 모든 데이터 값보다 가장 작은 값으로 초기화해야 하므로 0으로 초기화하였다.

❸ 꼴등 찾기(최솟값 구하기)

　　반복문을 통해 n개의 데이터를 하나하나 비교한다. 이때 최솟값을 저장하는 변수를 지정하여 이 변숫값보다 비교 점수가 더 작으면 최솟값을 갱신하고, 더 크면 다음으로 넘어간다. 이와 같은 방식으로 n개의 데이터를 모두 확인하면 최솟값을 구할 수 있다. 이와 같은 작업을 하려면 최솟값이 기억될 변수는 반드시 비교할 모든 데이터 값보다 큰 값으로 초기화해야 하므로 100으로 초기화하였다.

2. 프로그램 설명

- **01행:** 데이터의 크기를 입력하여 n에 저장하고, 정수형으로 변환한다.
- **02~03행:** map 명령을 이용하여 한 줄의 문자열을 입력받고, 공백으로 분리하여 각각을 int형으로 변환한다. 이 명령을 사용하면 일일이 int(a), int(b),… 형식으로 변환하지 않아도 된다.

　　중요 데이터의 개수가 유동적일 경우 아래와 같은 표현을 많이 사용하므로 반드시 알아두도록 한다.

```
n = int(input( ))
data = list(map(int, input( ).split( )))
```

- **05~06행:** 최댓값과 최솟값이 기억될 변수의 초깃값을 각각 설정한다.
- **07행:** 반복문을 n번 반복하도록 설정한다.
- **08~09행:** 현재 데이터의 값이 최댓값 변수에 저장된 값보다 더 크면 최댓값을 갱신한다.
- **10~11행:** 현재 데이터의 값이 최솟값 변수에 저장된 값보다 더 작으면 최솟값을 갱신한다.
- **12행:** 구한 최댓값과 최솟값을 출력한다.

다른 풀이❶ max, min 내장 함수를 이용한 풀이다.

```
01    n = int(input( ))
02    data = map(int, input( ).split( ))
03    data = list(data)
04
05    print(max(data), min(data))
```

다른 풀이❷ 정렬(sort) 함수를 이용한 풀이다.

```
01    n = int(input( ))
02    data = map(int, input( ).split( ))
03    data = list(data)
04    data.sort( )
05    print(data[-1], data[0])
```

암호 처리하기

▱➤ 이 문제는 입력된 패스워드를 두 가지 방법으로 암호화하는 프로그램이다.

```
01    str = input( )
02
03    for x in str:
04      print(chr(ord(x)+2), end='')
05    print( )
06
07    for x in str:
08      print(chr(ord(x)*7%80+48), end='')
```

1. 프로그램 설계

(1) 변수 설정

공백이 없는 문자열이 입력된다. 다른 문자열 변수를 사용하여 처리해도 되지만 아스키코드를 이용하여 바로바로 출력하도록 한다.

변수명	타입	설명
a	문자열	입력 문자열을 저장하는 변수
x	문자	반복문에서 각각의 문자를 임시 저장하는 변수

(2) 반복문 설계

❶ 반복 구간 설정

반복문으로 문자열에서 개개의 문자에 접근하기 위해 다음과 같이 반복문을 설정한다.

```
for x in str:
```

❷ 아스키코드

문자열에서 개개의 문자는 아스키코드로 이루어진다. 아스키코드란 미국 ANSI에서 표준화한 부호 체계이며, 프로그래밍 문자 처리에서 자주 사용된다. 아스키코드는 내부적으로는 숫자 0~127까지의 값을 가지고 있으며, 각 값에 해당하는 문자가 정해져 있다. 그 중 자주 사용되는 아스키코드 값과 문자는 다음과 같다.

아스키코드 값	문자	아스키코드 값	문자	아스키코드 값	문자
48	'0'	65	'A'	97	'a'
49	'1'	66	'B'	98	'b'
⋮	⋮	⋮	⋮	⋮	⋮
57	'9'	90	'Z'	122	'z'

소문자 'a'를 대문자 'A'로 변환하려면 두 문자 사이의 아스키코드 값에서 32(97－65＝32)를 빼면 된다. 반대로 대문자를 소문자로 변환하려면 32를 더하면 된다. 이런 방식으로 아스키코드 값을 활용하는 예가 많다.

❸ 아스키코드 값과 문자의 변환
파이썬에서는 다음 두 가지 함수를 제공한다.

함수	설명
ord(c)	문자 c의 아스키코드 값을 알아내는 함수
chr(n)	아스키코드 값(240쪽 표 참조) n에 해당하는 문자로 변환하는 함수

문제에서 제시한 수식을 적용하려면 ord( ) 함수로 아스키코드 값을 알아낸 뒤 수식을 적용하고, 다시 chr( ) 함수를 이용하여 문자로 변환하는 과정을 진행한다.

2. 프로그램 설명

- 01행: 문자열을 입력받는다.
- 03~04행: 문자열에서 한 문자씩 읽어 '아스키코드 값＋2'에 해당하는 문자로 변환 후 출력한다. 한 문자를 출력 후 줄이 바뀌지 않도록 하기 위해 end=''를 추가한다.
- 05행: 줄을 바꾼다.
- 07~08행: 문자열에서 한 문자씩 읽어 '(아스키코드 값＊7) % 80＋48'에 해당하는 문자로 변환 후 출력한다. 한 문자를 출력 후 줄이 바뀌지 않도록 하기 위해 end=''를 추가한다.

다른 풀이 리스트와 join( )을 이용한 풀이다.

```
01    str = input( )
02    se1 = [ ]
03    se2 = [ ]
04    for x in str:
05      se1.append(chr(ord(x)+2))
06      se2.append(chr(ord(x)*7%80+48))
07    print(''.join(se1))
08    print(''.join(se2))
```

시저의 암호

▶ 이 문제는 시저의 암호문을 원문으로 바꾸는 프로그램이다. 기본적으로 '아스키코드값 − 3'을 적용하고, 몇몇 문자에 대해서만 예외 처리를 하면 된다.

```
01    sentence = input( )
02
03    for c in sentence:
04      if c == 'a':
05        print('x', end='')
06      elif c == 'b':
07        print('y', end='')
08      elif c == 'c':
09        print('z', end='')
10      elif c == ' ':
11        print(' ', end='')
12      else:
13        print('%c'%chr(ord(c)−3), end='')
```

1. 프로그램 설계

(1) 변수 설정

입력으로 한 문장이 입력되므로 문자열로 처리한다.

변수명	타입	설명
sentence	문자열	입력된 문자열을 저장하는 변수
c	문자	문자열에서 각각의 문자 하나를 저장하는 변수

(2) 반복문 설계

❶ 반복 구간 설정

입력된 문자열에서 각각의 문자를 하나씩 처리해야 하므로 range( ) 명령을 사용하지 않고, 아래와 같이 설정한다.

    for c in sentence:

❷ 문자 처리

기본적으로 한 문자씩 입력받으면서 각 문자에서 '아스키코드값 − 3'을 하면 원문으로 복원할 수 있다. 하지만 'a', 'b', 'c'가 입력으로 들어올 경우는 주의해야 한다. 이 문자들은 '− 3'을 하면 알파벳 범위를 벗어나기 때문에 알 수 없는 특수 문자가 출력된다. 따라서 'a', 'b', 'c'는 예외 처리를 해야 하는데, if∼elif∼else문을 이용하여 처리한다. 또 공백도 그대로 출력해야 하므로 예외 처리한다.

2. 프로그램 설명

- **01행**: 한 줄의 문장을 입력받아 문자열로 저장한다.
- **03행**: 입력된 문자열에서 한 문자씩 읽어 오도록 반복문을 설정한다.
- **04~11행**: 처리할 문자가 a, b, c 또는 공백 문자인 경우 예외 처리한다.
- **12~13행**: 그 외 나머지 문자는 '아스키코드값 − 3'의 문자를 출력한다. 따라서 chr(ord(c)−3)의 표현이 필요하다.

 다른 풀이 문자열 리스트와 인덱스를 이용한 풀이다.

```
01   sentence = input( )
02
03   enc = "abcdefghijklmnopqrstuvwxyz"
04   dec = "xyzabcdefghijklmnopqrstuvw"
05   enc = list(enc)
06   dec = list(dec)
07
08   for c in sentence:
09       if 'a' <= c <= 'z':
10           print(dec[enc.index(c)], end='')
11       else:
12           print(' ', end='')
```

알파벳 개수 출력하기

➡️ 이 문제는 입력된 문자열의 알파벳 개수를 세는 프로그램이다.

```
01    data = input( )
02
03    dic = { }
04    for x in range(26):
05        x = chr(ord('a')+x)
06        dic[x] = 0
07
08    for x in data:
09      if x in dic:
10        dic[x] += 1
11
12    for x in range(26):
13      x = chr(ord('a')+x)
14      print("%c:%d"%(x, dic[x]))
```

1. 프로그램 설계

(1) 변수 설정

입력 조건에서 영문으로 구성된 문장이 입력되므로 문자열로 처리한다. 각각의 문자를 딕셔너리 자료 구조를 이용하여 알파벳의 개수를 세고 출력한다.

변수명	타입	설명
data	문자열	입력된 문자열을 저장하는 변수
dic	딕셔너리	{'알파벳':개수}의 형태를 저장하는 자료 구조
x	문자	반복문에서 각각의 문자를 임시로 저장하는 변수

(2) 반복문 설계

❶ 딕셔너리 초기화하기

알파벳 개수를 효과적으로 세기 위해 딕셔너리 자료 구조를 사용한다. 딕셔너리는 Key와 Value로 이루어진 자료 구조이다. 여기서 Key는 'a'~'z'까지의 알파벳이 되고, Value는 각각의 알파벳 출현 빈도가 될 것이다. 따라서 빈 딕셔너리를 선언한 후, 모두 0으로 초기화한다.

❷ 반복 구간 설정

　입력된 문자열에서 문자 길이(개수)만큼 반복이 이루어져야 한다. 반복문을 통해 각각의 문자에 접근하여 개수를 세는 작업을 한다.

```
for x in data:
```

❸ 알파벳 개수 세기

　반복문으로 알파벳 문자에 접근한다. 임시 변수 x에 각각의 문자를 저장하고, 딕셔너리 자료 구조인 dic에 해당 알파벳의 개수를 누적한다. dic의 Key 중에서 x가 있는지 확인한 후, 있으면 기존 Value에 +1을 하여 저장한다. 만약 특수 문자나 공백인 경우에는 dic의 Key를 만들어 놓지 않았으므로 개수를 세지 않고 넘어간다.

(3) 출력 설정

　'a'~'z'의 개수를 모두 출력해야 하므로 "알파벳:개수" 형태로 26행에 걸쳐 출력한다. 반복문을 이용하면 효과적으로 프로그래밍을 할 수 있다.

2. 프로그램 설명

- **01행:** 한 줄의 문장을 입력받아 문자열로 저장한다.
- **03~06행:** 빈 딕셔너리 자료 구조를 만들고, Key를 'a'~'z', 각각의 Value는 모두 0으로 초기화한다. chr( )과 ord( ) 함수를 이용하면 Key 설정을 쉽게 구현할 수 있다.
- **08~10행:** 입력된 문자열에서 각각의 문자에 접근하여 딕셔너리 자료 구조에 누적하여 개수를 센다.
- **12~14행:** 딕셔너리 자료 구조의 내용을 출력 형식에 맞게 출력한다.

다른풀이 문자열 함수(count)를 이용한 풀이다.

```
01    data = input( )
02
03    for x in range(26):
04        x = chr(ord('a')+x)
05        print("%c:%d"%( x, data.count(x)))
```

풀이
13 종이 자르기

✏️ 이 문제는 중첩 반복문을 이용하여 종이 형태를 만들어 내는 프로그램이다.

```
01    n, m = map(int, input( ).split( ))
02
03    for row in range(1, m+1):
04      for col in range(1, n+1):
05        if row == 1 or row == m:
06          if col == 1 or col == n:
07            print('+', end='')
08          else:
09            print('-', end='')
10        elif col == 1 or col == n:
11          print('|', end='')
12        else:
13          print(' ', end='')
14      print( )
```

1. 프로그램 설계

(1) 변수 설정

입력 조건에서 제시한 가로 길이 n, 세로 길이 m을 입력받는 변수 2개가 필요하다. 반복문을 중첩해서 사용해야 하므로 반복문 변수도 2개가 더 필요한데, 행과 열의 뜻을 가진 row와 col로 설정하였다.

변수명	타입	설명
n	정수	가로 길이를 저장하는 변수
m	정수	세로 길이를 저장하는 변수
row	정수	반복문에서 행 번호를 나타내는 임시 변수
col	정수	반복문에서 열 번호를 나타내는 임시 변수

(2) 반복문 설계

❶ 중첩 반복 구간 설정

가로 길이는 열(column)의 개수를 의미하고, 세로 길이는 행(row)의 개수를 의미한다. 2중 반복문에서 행과 열을 채울 때 일반적으로 다음과 같은 구조를 가진다.

```
for row in range(1, m+1):       ◀--• 행의 개수
  for col in range(1, n+1):     ◀--• 열의 개수
```

여기서 row는 행 방향(세로)으로 증가하고, col은 열 방향(가로)으로 증가한다. 주로 텍스트 도형이나 2차원 배열을 다룰 때 사용한다.

❷ 종이를 출력하기 위한 조건 설정

이 문제에 사용되는 문자는 '−', '|', '+', ' '(공백)과 같이 4가지이다. for문의 변수 row, col 값에 따라 어떤 문자가 출력되는지 잘 설계해야 한다. 그리고 어떤 조건을 우선적으로 적용해야 하는지도 생각해야 한다.

예 n = 5, m = 4인 종이일 경우, (row, col)

+	−	−	−	+
(1, 1)	(1, 2)	(1, 3)	(1, 4)	(1, 5)
|				|
(2, 1)	(2, 2)	(2, 3)	(2, 4)	(2, 5)
|				|
(3, 1)	(3, 2)	(3, 3)	(3, 4)	(3, 5)
+	−	−	−	+
(4, 1)	(4, 2)	(4, 3)	(4, 4)	(4, 5)

• '+'인 경우: (1, 1), (1, 5), (4, 1), (4, 5) → (row=1 or row=m) and (col=1 or col=n)
• '−'인 경우: (1, 2), (1, 3), (1, 4), (4, 2), (4, 3), (4, 4) → (row=1 or row=m) and (col≠1 and col≠n)
• '|'인 경우: (2, 1), (3, 1), (2, 5), (3, 5) → (row≠1 and row≠m) and (col=1 or col=n)
• ' '(공백)인 경우: 위의 경우를 제외한 나머지

2. 프로그램 설명

• 01행: 두 정수를 공백으로 분리하고, 각각 정수형으로 변환하여 저장한다.
• 03~04행: 중첩 반복문을 설정한다.
• 05~07행: '+'를 출력하는 조건을 설정한다.
• 08~09행: '−'를 출력하는 조건을 설정한다.
• 10~11행: '|'를 출력하는 조건을 설정한다.
• 12~13행: 그 외 나머지 조건은 ' '(공백)을 출력한다.
• 14행: 한 줄을 출력한 후 줄을 바꾼다.

빗금 친 사각형 출력하기

➡️ 이 문제는 중첩 반복문을 이용하여 행과 열의 값으로 빗금 친 사각형을 출력하는 프로그램이다.

```
01    n, k = map(int, input( ).split( ))
02
03    for row in range(1, n+1):
04      for col in range(1, n+1):
05        if row == 1 or row == n or col == 1 or col == n:
06          print('*', end='')
07        elif (row+col−1) % k == 0:
08          print('*', end='')
09        else:
10          print(' ', end='')
11      print( )
```

1. 프로그램 설계

(1) 변수 설정

입력 조건으로 사각형의 크기 n과 빗금의 간격 k가 입력된다. 정수 형태로 변환하고, 중첩 반복문에 필요한 임시 변수 row와 col을 사용한다.

변수명	타입	설명
n	정수	사격형의 크기를 저장하는 변수
k	정수	빗금의 간격을 저장하는 변수
row	정수	반복문에서 행 번호를 나타내는 임시 변수
col	정수	반복문에서 열 번호를 나타내는 임시 변수

(2) 반복문 설계

❶ 중첩 반복 구간 설정

2중 반복문에서 행과 열을 채울 때 일반적으로 다음과 같은 구조를 가진다.

```
for row in range(1, n+1):      ◀--• 행의 개수
  for col in range(1, n+1):    ◀--• 열의 개수
```

여기서 row는 행 방향(세로)으로 1씩 증가하고, col은 열 방향(가로)으로 1씩 증가한다. 주로 텍스트 도형이나 2차원 배열을 다룰 때 사용된다.

❷ 사각형 테두리를 그리는 조건 설정

이 문제에 사용되는 문자는 '*', ' '(공백)과 같이 두 가지이다. for문의 변수 row, col 값에 따라 어떤 문자가 출력되

는지를 잘 설계해야 한다. 사각형의 테두리는 row=1 또는 col=1 또는 row=n 또는 col=n인 경우이다.

❸ 빗금을 그리는 조건

빗금은 k간격으로 왼쪽 상단부터 그려진다.

예 n=6, k=3인 경우, (row, col)

*	*	*	*	*	*
(1, 1)	(1, 2)	(1, 3)	(1, 4)	(1, 5)	(1, 6)
*	*			*	*
(2, 1)	(2, 2)	(2, 3)	(2, 4)	(2, 5)	(2, 6)
*			*		*
(3, 1)	(3, 2)	(3, 3)	(3, 4)	(3, 5)	(3, 6)
*		*			*
(4, 1)	(4, 2)	(4, 3)	(4, 4)	(4, 5)	(4, 6)
*	*			*	*
(5, 1)	(5, 2)	(5, 3)	(5, 4)	(5, 5)	(5, 6)
*	*	*	*	*	*
(6, 1)	(6, 2)	(6, 3)	(6, 4)	(6, 5)	(6, 6)

- 첫 번째 빗금: (1, 3), (2, 2), (3, 1) → 행과 열의 합이 모두 4
- 두 번째 빗금: (1, 6), (2, 5), (3, 4), (4, 3), (5, 2), (6, 1) → 행과 열의 합이 모두 7
- 세 번째 빗금: (4, 6), (5, 5), (6, 4) → 행과 열의 합이 모두 10

빗금 사이의 간격은 행과 열의 합이 k만큼 차이가 난다. 이를 조건식으로 만들면 (row + col − 1) % k == 0이다. 주의할 점은 (row + col) % k == 1로 조건을 만들면 안 되는데, 이유는 k가 1인 경우 이 조건식은 절대 만족될 수 없기 때문이다.

2. 프로그램 설명

- **01행**: 두 정수를 입력할 때 공백으로 분리하고, 각각 정수형으로 변환하여 저장한다.
- **03~04행**: 중첩 반복문을 설정한다.
- **05~06행**: 사각형의 테두리는 '*'를 출력하는 조건을 설정한다.
- **07~08행**: 빗금은 '*'를 출력하는 조건을 설정한다.
- **09~10행**: ' '(공백)을 출력하는 조건을 설정한다.
- **11행**: 한 줄을 출력한 후 줄을 바꾼다.

15 세모 바퀴 자르기

✏️ 이 문제는 길이가 n인 철심을 구부려서 삼각형을 만들 수 있는 경우를 찾는 프로그램이다.

```
01    n = int(input( ))
02
03    cnt = 0
04    for a in range(1, n + 1):
05     for b in range(a, n + 1):
06      for c in range(b, n + 1):
07       if a + b + c == n and a + b > c:
08        print(a, b, c)
09        cnt = cnt + 1
10
11    if cnt == 0:
12     print(-1)
```

1. 프로그램 설계

(1) 변수 설정

입력 조건으로 철사의 길이 n은 정수형으로 입력된다. 그리고 세 변을 나타내는 변수 3개와 삼각형의 개수를 세는 변수가 필요하다.

변수명	타입	설명
n	정수	철심의 총 길이를 나타내는 변수
a	정수	세 변의 길이 중 가장 짧은 변의 길이를 저장하는 변수
b	정수	세 변의 길이 중 두 번째로 짧은 변의 길이를 저장하는 변수
c	정수	세 변의 길이 중 가장 긴 변의 길이를 저장하는 변수
cnt	정수	삼각형의 개수를 세는 변수

(2) 출력 양식 설정

세 변이 삼각형을 이룰 때마다 세 변의 길이를 정수로 출력한다. 이때 가장 짧은 변부터 순서대로 출력해야 한다.

(3) 반복문 설계

❶ 중첩 반복 구간 설정

3중 반복문에서 모든 경우의 수를 탐색할 때 일반적으로 다음과 같은 구조를 가진다.

```
for a in range(1, n + 1):      ◀--• 1≤a≤n
 for b in range(1, n + 1):     ◀--• 1≤b≤n
  for c in range(1, n + 1):    ◀--• 1≤c≤n
```

하지만 이 문제에서 a, b, c가 짧은 순서대로 출력해야 하므로 다음과 같은 구조가 적절하다.

```
for a in range(1, n + 1):        ◄---• 1≤a≤n
  for b in range(a, n + 1):      ◄---• a≤b≤n
    for c in range(b, n + 1):    ◄---• b≤c≤n
```

❷ 삼각형의 성립 조건

세 변의 길이를 a, b, c 그리고 전체의 길이가 n일 때, 삼각형을 만들 수 있는 성립 조건은 다음과 같다. 여기서 길이는 a가 가장 짧고, c가 가장 길다.

$$a + b > c$$

2. 프로그램 설명

- **01행**: 총 길이 n을 입력받아 정수형으로 변환한다.
- **03행**: 개수를 세기 위해 cnt 변수를 0으로 초기화한다.
- **04~06행**: (1, 1, 1)~(n, n, n)까지 모두 탐색할 수 있도록 반복문을 정의한다.
- **07~09행**: a, b, c의 길이의 합이 n이고, 삼각형을 이룰 수 있으면 그 길이들을 순서대로 출력하면서 개수를 센다.
- **11~12행**: 삼각형을 이룰 수 없으면 −1을 출력한다.

다른 풀이 2중 반복문을 이용한 풀이다. (n이 커질수록 이 방법이 풀이 속도가 훨씬 빠르다.)

```
01    n = int(input( ))
02
03    cnt = 0
04    for a in range(1, n + 1):
05      for b in range(a, n + 1):
06        c = n − (a + b)
07        if c >= b and a + b > c:
08          print(a, b, c)
09          cnt = cnt + 1
10
11    if cnt == 0:
12      print(−1)
```

윷놀이

▷ 이 문제는 4개의 윷 상태를 입력받아 결과를 출력하는 프로그램이다.

```
01    def yut(a, b, c, d):
02        return a + b + c + d
03
04    a, b, c, d = map(int, input( ).split( ))
05
06    res = yut(a, b, c, d)
07    if res == 1:
08        print("도")
09    elif res == 2:
10        print("개")
11    elif res == 3:
12        print("걸")
13    elif res == 4:
14        print("윷")
15    else:
16        print("모")
```

1. 프로그램 설계

(1) 변수 및 함수 설정

4개 윷의 각각의 상태인 0 또는 1이 입력된다.

변수명	타입	설명
a	정수	첫 번째 윷의 상태를 저장하는 변수
b	정수	두 번째 윷의 상태를 저장하는 변수
c	정수	세 번째 윷의 상태를 저장하는 변수
d	정수	네 번째 윷의 상태를 저장하는 변수
res	정수	뒤집어진 윷의 개수를 세는 변수
yut(a, b, c, d)	함수	4개의 윷 상태를 보고 결과를 판정하는 함수

(2) 윷의 상태 판단

윷1, 윷2, 윷3, 윷4의 모든 경우의 수는 다음과 같다.

윷1	윷2	윷3	윷4
1	0	0	0
0	1	0	0
0	0	1	0
0	0	0	1

▲ '도'인 경우

윷1	윷2	윷3	윷4
1	1	0	0
1	0	1	0
1	0	0	1
0	1	1	0
0	1	0	1
0	0	1	1

▲ '개'인 경우

윷1	윷2	윷3	윷4
1	1	1	0
1	1	0	1
1	0	1	1
0	1	1	1

▲ '걸'인 경우

윷1	윷2	윷3	윷4
1	1	1	1

▲ '윷'인 경우

윷1	윷2	윷3	윷4
0	0	0	0

▲ '모'인 경우

불가능한 것은 아니지만 이 경우를 모두 if∼elif∼else문으로 표현하기는 매우 힘들다. 윷의 뒤집어진 개수를 세어서 그 개수에 따라 결과를 출력하면 표현이 매우 간결해진다. 윷의 상태가 1이 뒤집어진 상태이므로 4개의 윷 상태를 모두 더하면 쉽게 알아낼 수 있다. 함수를 이용하면 코드의 가독성을 더 높일 수 있다.

2. 프로그램 설명

- 01∼02행: 4개의 윷 상태 중 뒤집어진 윷의 개수를 리턴하는 함수 구문이다.
- 04행: 윷의 상태를 입력받아 4개의 변수에 각각 저장하고 정수형으로 변환한다.
- 06행: 윷놀이의 결과는 함수를 호출하여 알아낸다.
- 07∼16행: 윷의 뒤집어진 개수를 판단하여 결과를 출력한다.

다른 풀이 리스트와 인덱스를 이용한 풀이다.

```
01    a, b, c, d = map(int, input( ).split( ))
02    s = a + b + c + d
03    yut = ['모', '도', '개', '걸', '윷']
04    print(yut[s])
```

뒤집어 더하기

▶ 이 문제는 입력된 수와 뒤집은 수를 더하여 출력하는 프로그램이다.

```
01    def revnum(n):
02      res = 0
03      while n > 0:
04        res = res * 10 + n % 10
05        n = n // 10
06      return res
07
08    n = int(input( ))
09
10    m = n + revnum(n)
11    if m == revnum(m):
12      print("YES")
13    else:
14      print("NO")
```

1. 프로그램 설계

(1) 변수 및 함수 설정

입력으로 10,000 이하의 정수가 입력된다.

변수명	타입	설명
n	정수	입력된 정수를 저장하는 변수
m	정수	입력된 정수와 뒤집어진 정수를 더한 값을 저장하는 변수
revnum(n)	함수	어떤 정수 n을 뒤집는 함수
res	정수	함수에서 뒤집어진 정수를 저장할 변수

(2) 정수를 뒤집는 함수

어떤 정수 n을 뒤집는 함수를 만들어서 프로그래밍하는 것이 효과적이다. 정수를 뒤집는 방법은 다음과 같다.

① n을 입력받는다.
② 결과를 저장할 변수 res를 0으로 초기화한다.
③ n이 0보다 크면 다음 4~7단계를 진행하고, n이 0이면 ⑧로 이동한다.
④ 결괏값 = 결괏값 * 10
⑤ 결괏값 = 결괏값 + (n의 1의 자리)   ◀---• n % 10
⑥ n의 1의 자리를 버린다.
⑦ ③으로 이동한다.
⑧ 결괏값을 리턴한다.

2. 프로그램 설명

- 01~06행: 정수를 뒤집는 함수를 정의한다.
- 08행: 수를 입력받아 정수형으로 변환하여 저장한다.
- 10행: 입력된 정수와 뒤집어진 정수를 더하여 m에 저장한다.
- 11~14행: m과 뒤집어진 m이 같으면 회문이므로 'Yes'를 출력하고, 아니면 'No'를 출력한다.

다른 풀이 문자열 슬라이싱을 이용한 풀이다.

```
01    n = int(input( ))
02
03    sum = n + int(str(n)[::-1])
04    if sum == int(str(sum)[::-1]):
05        print("YES")
06    else:
07        print("NO")
```

※ 문자열 슬라이싱 예

str = "abcdefg"

인덱스 →	0	1	2	3	4	5	6
데이터 →	a	b	c	d	e	f	g

▲ 리스트 str에 저장된 문자들

```
print( str[2:] )    →  cdefg
print( str[2:5] )   →  cde
print( str[:5] )    →  abcde
print( str[-1] )    →  g
print( str[2:-1] )  →  cdef
print( str[4:2:-1] )  →  ed
print( str[4::-1] )  →  edcba
print( str[:4:-1] )  →  gf
print( str[::-1] )   →  gfedcba
```

성적 그래프 출력하기

🖉 이 문제는 입력된 10개의 점수를 막대그래프 형식으로 출력하는 프로그램이다.

```
01    num = list(map(int, input( ).split( )))
02    graph = [' '*20] * 10
03
04    col = 0
05    for x in num:
06        for row in range(9, 9-x//10, -1):
07            graph[row] = graph[row][:col] + '#' + graph[row][col+1:]
08        col += 2
09
10    for row in range(10):
11        print(graph[row])
```

1. 프로그램 설계

(1) 변수 설정

10개의 점수가 입력되면 리스트에 정수형으로 변환하여 저장한다. 이때, 막대그래프를 그릴 문자열 리스트도 필요하다.

변수명	타입	설명
num	리스트	10개의 입력 데이터를 저장하는 리스트
graph	리스트	막대그래프를 저장하는 문자열 리스트
row	정수	막대그래프 리스트의 행을 나타내는 변수
col	정수	막대그래프 리스트의 열을 나타내는 변수
x	정수	10개의 입력 데이터 중 하나의 데이터 값을 저장하는 변수

(2) 막대그래프를 저장할 문자열 리스트 생성

2차원 리스트로 만들어도 되지만 문자열을 가진 1차원 리스트로 문제를 해결해 보자. 점수 간에 공백이 필요하므로, 다음과 같이 20개의 공백 문자로 이루어진 문자열을 10개 가진 리스트를 선언한다.

graph = [' '*20] * 10

연산자 '*'의 의미는 다음과 같다.

타입	설명	예시	결과
문자열 * n	문자열을 n번 반복한 문자열을 생성한다.	"hello" * 2	"hellohello"
리스트 * n	리스트의 내용을 n번 반복하여 리스트를 생성한다.	["ab"] * 2	["ab", "ab"]

(3) 반복문 설계

10개의 점수를 하나씩 접근하여, 받은 점수를 10점 간격으로 '#'을 저장해야 한다. 여기서 주의해야 할 점은 '#'이 맨 아래부터 채워져야 함이다. 따라서 반복문을 맨 아래인 9부터 시작하여 점수//10만큼 1씩 감소하면서 '#'을 저장해야 한다.

```
for x in num:
    for row in range(9, 9-x//10, -1):
```

파이썬에서 주의해야 할 점은 생성된 문자열의 특정 위치를 수정할 수 없다. 흔히 아래와 같이 생각할 수 있는데, 이런 표현은 사용할 수 없다.

```
graph[row][col] = '#'
```

따라서 새롭게 문자를 재정의해야 하는데 아래와 같은 방법으로 처리할 수 있다.

```
graph[row] = graph[row][:col] + '#' + graph[row][col+1:]
```

2. 프로그램 설명

- 01~02행: 10개의 점수를 입력받아 정수형으로 변환하여 리스트에 저장한다. 막대그래프 리스트를 공백으로 초기화한다.
- 04~08행: 10개의 점수를 하나씩 접근하여 받은 점수만큼 맨 아래부터 '#'을 채운다. 점수와 점수 사이에 공백이 있어야 하므로 col은 2씩 증가한다.
- 10~11행: 10개의 점수에 해당하는 막대그래프를 출력한다.

다른 풀이 그래프를 2차원 리스트로 처리한 풀이다.

```
01    num = list(map(int, input( ).split( )))
02    graph = [[' ' for _ in range(20)] for _ in range(10)]
03
04    col = 0
05    for x in num:
06        for row in range(9, 9-x//10, -1):
07            graph[row][col] = '#'
08        col += 2
09
10    for row in range(10):
11        for col in range(20):
12            print(graph[row][col], end='')
13        print( )
```

19 광석 제련하기

➡️ 이 문제는 5×5 크기의 맵에서 3×3의 최대 가치 영역을 찾는 프로그램이다.

```
01    def f(row, col):
02        res = sum(mine[row-1][col-1:col+2])
03        res += sum(mine[row][col-1:col+2])
04        res += sum(mine[row+1][col-1:col+2])
05        return res
06
07    mine = [ ]
08    for row in range(5):
09        mine.append([ ])
10        mine[row] = list(map(int, input( ).split( )))
11
12    maxval = 0
13    for row in range(1, 4):
14      for col in range(1, 4):
15        tsum = f(row, col)
16        if tsum > maxval:
17          maxval = tsum
18
19    print(maxval)
```

1. 프로그램 설계

(1) 변수 설정

5x5의 크기에 정수가 입력된다. 리스트를 이용하여 각 줄을 0~4의 인덱스에 저장하고, 2차원 리스트로 구성한다. 프로그래밍을 효율적으로 하기 위해 (row, col)을 중심으로 주변의 9칸을 모두 더하는 함수 f를 작성한다.

변수명	타입	설명
mine	리스트	입력된 값을 저장하는 2차원 리스트
row	정수	리스트에서 행을 나타내는 인덱스 변수
col	정수	리스트에서 열을 나타내는 인덱스 변수
maxval	정수	3x3 영역의 최대 가치를 저장하는 변수
tsum	정수	f(row, col)의 값을 저장하는 임시 변수
f(row, col)	함수	(row, col) 주변 9개 값을 더하는 함수

(2) 2차원 리스트 구성 방법

입력이 격자 모양으로 이루어질 때, 2차원 리스트를 만들어서 해결해야 한다. '리스트명.append(x)'를 하면 리스트의 마지막에 x의 원소가 추가된다. 여기서는 '.append([ ])'를 사용했으므로 비어 있는 리스트를 마지막에 추가하였다. 그리고 그 안에 5개의 한 줄 문자열을 입력받아 공백으로 분리한 뒤 각각의 값을 추가된 빈 리스트에 저장한다.

(3) 중첩 반복문 설계

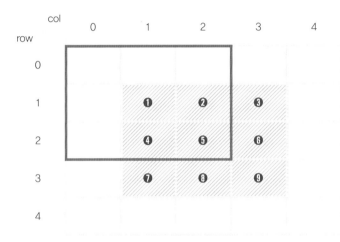

① → ② → … → ⑨의 순서로 방문하면 모든 영역의 합을 구할 수 있다. 따라서 반복문은 다음과 같이 설정한다.

```
for row in range(1, 4):
    for col in range(1, 4):
```

2. 프로그램 설명

- 01~05행: 함수 f는 (row, col) 주변의 9개 영역의 합을 구한 뒤 리턴하는 함수이다.
- 07행: mine이라는 빈 리스트를 선언한다.
- 08~10행: 입력 데이터를 입력받아 2차원 리스트로 처리한다.
- 12행: 최댓값을 저장하는 변수의 초깃값을 0으로 설정한다.
- 13~17행: (1, 1)부터 (3, 3)까지를 순서대로 탐색하면서 영역의 합을 함수 f를 이용하여 구한다. 이때, 영역의 합과 기존 영역의 최대 합을 비교하면서 더 큰 값이 있으면 값을 갱신한다.
- 19행: 구한 최댓값을 출력한다.

홀수 마방진

풀이 20

이 문제는 제시한 구현 방법에 따라 홀수 마방진을 만드는 프로그램이다.

```
01   n = int(input( ))
02
03   ms = [[0]*n for i in range(n)]
04   row = 0
05   col = n // 2
06
07   for v in range(1, n*n+1):
08     ms[row][col] = v
09     if v % n == 0:
10       row = (row+1) % n
11     else:
12       row = (row-1+n) % n
13       col = (col+1) % n
14
15   for row in range(n):
16     for col in range(n):
17       print("%d "%ms[row][col], end='')
18     print( )
```

1. 프로그램 설계

(1) 변수 설정

홀수인 정수가 입력된다. 필요한 변수는 다음과 같다.

변수명	타입	설명
n	정수	마방진의 크기를 저장하는 변수
ms	리스트	마방진의 모양을 저장하는 2차원 리스트
row	정수	행의 값을 저장하는 변수
col	정수	열의 값을 저장하는 변수
v	정수	(row, col) 위치에 넣을 값을 결정하는 반복문 변수

마방진을 만들어야 하므로 문제에서 제시한 구현 방법에 따라 2차원 리스트를 구성해야 한다. 모두 0으로 구성된 n x n 크기의 2차원 리스트는 다음과 같이 생성할 수 있다.

```
ms = [[0]*n for i in range(n)]
```

(2) 반복문 설계

❶ 반복 구간 설정

n x n인 경우, 1부터 n^2까지 채워야 하므로 다음과 같이 반복문을 설계하였다.

```
for v in range(1, n * n + 1):
```

❷ 마방진 구현 방법은 나머지 연산을 활용하여 수식으로 적용하기

시작은 첫 행, 한가운데 열에 1을 둔다.	row = 0 col = n // 2
행은 감소하므로 첫 행보다 작아지는 경우에는 마지막 행으로 넘어간다.	row = (row − 1 + n) % n
열은 증가하므로 마지막 열보다 커지는 경우에는 첫 열로 넘어간다.	col = (col + 1) % n
넣은 수(v)가 n의 배수이면 행만 증가한다. 열은 변화가 없다.	if v % n == 0: 　row = (row + 1) % n

나머지 연산은 0, 1, 2,…, n−1, 0, 1, 2, …, n−1, 0, 1, 2,…처럼 특정 구간이 반복될 때 자주 사용된다. 이 문제에서 행은 n−1에서 0으로 감소하면서 순환하고, 열은 0에서 n−1로 증가하면서 순환한다. 행은 1씩 감소하므로 음수가 될 수 있는데, 이를 방지하기 위해 항상 n을 더한 다음 나머지 연산을 실행한다. 열은 1씩 증가하다가 n이 되면 0이 되도록 하기 위해 나머지 연산을 실행한다. n을 나누면 다시 0이 된다.

2. 프로그램 설명

- **01행**: 마방진의 크기인 n을 입력받아 정수형으로 변환한다.
- **03행**: 2차원 리스트를 만든다. n = 3인 경우 [[0, 0, 0], [0, 0, 0], [0, 0, 0]]인 리스트가 생성된다.
- **04~05행**: 구현 방법에 따라 row와 col의 시작 위치를 결정한다.
- **07행**: 1~n * n까지 숫자를 하나씩 넣기 위해 반복문을 설계한다.
- **08~13행**: 제시된 마방진 구현 방법에 따라 행과 열을 이동하며 숫자를 순서대로 채운다.
- **15~18행**: 2차원 리스트를 마방진 형태로 출력한다.

아메리카노

이 문제는 현재 가진 쿠폰의 개수로 몇 잔의 아메리카노를 교환할 수 있는지 계산하는 프로그램이다.

```
01    import sys
02    sys.setrecursionlimit(5000)
03
04    def f(k, n):
05        if k < n:
06            return 0
07        return 1 + f(k−n+1, n)
08
09    k, n = map(int, input( ).split( ))
10    print(f(k, n))
```

1. 프로그램 설계

(1) 변수 설정

입력으로 현재 가진 쿠폰의 개수와 교환에 필요한 최소 쿠폰 개수가 정수로 입력된다.

변수명	타입	설명
k	정수	현재 가진 쿠폰의 개수를 저장하는 변수
n	정수	교환에 필요한 최소 쿠폰 개수
f(k, n)	재귀 함수	현재 가진 쿠폰의 개수(k)와 교환에 필요한 최소 쿠폰 개수(n)를 넣으면 총 몇 번을 교환할 수 있는지 계산하는 재귀 함수

(2) 재귀 함수 설계

다음과 같이 점화식을 정의하고 설계한다.

> f(k, n) = "(k, n)개의 쿠폰으로 교환 가능한 최대 아메리카노 개수"

여기서 k가 n보다 작으면 아메리카노를 한 잔도 교환하지 못한다. (k < n일 때, f(k, n) = 0)

k가 n 이상인 경우, 1잔의 아메리카노를 얻을 수 있고, 쿠폰 1장을 다시 받으므로 쿠폰의 개수는 k−n+1개가 된다. 이 방법을 계속 반복하면 어느 순간 k가 n보다 작아질 것이고, 그때의 개수가 교환 가능한 최대 아메리카노의 개수이다. 이를 점화식으로 표현하면 다음과 같다.

$$f(k, n) = \begin{cases} 0 & (k < n) \\ 1 + f(k - n + 1, n) & (k \geq n) \end{cases}$$

(3) 재귀 호출의 한계 설정

기본적으로 파이썬은 재귀 호출의 최대 깊이를 1000으로 정하였다. 이 문제의 조건을 따져보면 k = 2000, n = 2인 경우 호출의 한계를 넘어선다. 따라서 최대 깊이를 더 크게 설정해야 하는데, 아래 두 명령을 추가하면 가능하다.

```
import sys
sys.setrecursionlimit(재귀 호출의 최대 깊이)
```

2. 프로그램 설명

- 01~02행: 재귀 호출의 최대 깊이를 5000으로 정한다.
- 04~07행: 재귀 함수 f(k, n)을 정의한다. 정의는 점화식과 일치한다.
- 09행: 두 정수는 공백으로 분리하여 입력한 후 정수로 변환한다.
- 10행: (k, n)개의 쿠폰으로 얻을 수 있는 최대 아메리카노 개수를 출력한다.

다른 풀이❶ 재귀 함수의 성능을 개선한 풀이다.

```
01    def f(k, n):
02       if k ⟨ n:
03         return 0
04       return k // n + f(k//n + k % n, n)
05
06    k, n = input( ).split( )
07    k = int(k)
08    n = int(n)
09
10    print(f(k, n))
```

다른 풀이❷ 반복문을 이용한 풀이다.

```
01    k, n = input( ).split( )
02    k = int(k)
03    n = int(n)
04
05    cnt = 0
06    while k ⟩= n:
07      cnt = cnt + k // n
08      k = k // n + k % n
09    print(cnt)
```

덧셈, 뺄셈으로 m 만들기

➡️ 이 문제는 초깃값 0에서 n개의 수를 더하거나 빼서 m으로 만들 수 있는 경우의 수를 알아내는 프로그램이다.

```
01    def f(p, s):
02        global n, m, data, ans
03        if p == n:
04            if s == m:
05                ans += 1
06            return
07        f(p+1, s+data[p])
08        f(p+1, s−data[p])
09
10    m = int(input( ))
11    n = int(input( ))
12    if n != 0:
13        data = list(map(int, input( ).split( )))
14    ans = 0
15
16    f(0, 0)
17    print(ans)
```

1. 프로그램 설계

(1) 변수 설정

입력은 세 줄에 걸쳐 이루어진다. 첫째 줄에 최종 목표가 되는 합 m이 입력되고, 두 번째 줄은 입력의 개수 n이다. 세 번째 줄에는 n개의 데이터가 입력된다. 모두 정수형이므로 구조에 맞게 변수와 리스트를 이용하여 입력받는다.

변수명	타입	설명
m	정수	최종 목표 합을 저장하는 변수
n	정수	데이터의 개수를 저장하는 변수
data	리스트	n개의 데이터를 저장하는 리스트
ans	정수	경우의 수를 세는 변수
f(p, s)	재귀 함수	리스트 (p−1) 위치까지 누적 합이 s인 재귀 함수

(2) 전역 변수 활용

재귀 함수 내에서 입력으로 받은 n, m, data와 개수를 세는 ans 변수에 접근이 필요하다. 이 변수들은 전역 변수들이며, 함수 내에서 사용되는 p, s는 지역 변수이다. 함수에서 전역 변수에 접근하기 위해 global 키워드를 먼저 사용해야 한다.

```
global n, m, data, ans    ◀╌╌• n, m, data, ans 모두 전역 변수로 선언한다.
```

(3) 재귀 함수 설계

다음과 같이 상태를 정의하고 설계한다.

> f(p, s) = "리스트의 (p−1) 위치까지 누적 합이 s인 상태"

data 리스트의 인덱스는 0~(n−1)이다. 따라서 모든 데이터를 탐색하려면 p가 n이 되어야 하며, 이때 누적 합 s가 0~(n−1)이 된다. 이때 누적 합 s가 m인지 확인하고, 개수를 세어야 한다.

f(p, s)의 다음 상태는 다음 데이터로 인덱스를 옮기고(p+1), 데이터를 더하는 상태(s+data[p]) 또는 빼는 상태(s−data[p])로 나뉜다.

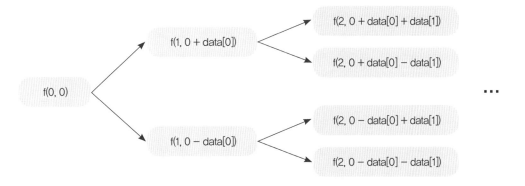

2. 프로그램 설명

- 01~08행: 재귀 함수 f(p, s)의 상태를 정의한다. 정의는 위의 그림과 일치한다.
- 10~11행: 두 줄에 걸쳐 m과 n을 입력받아 정수형으로 변환한다.
- 12~13행: 입력 조건에서 n이 0이 될 수 있으므로 0이 아닌 경우에만 리스트에 저장한다.
- 14행: 개수를 세는 변수 ans의 초깃값을 0으로 정한다.
- 16행: 재귀 함수 f(0, 0)을 시작으로 재귀 함수를 호출하여 실행한다.
- 17행: 최종 경우의 수를 출력한다.

천 단위 구분 기호

➡️ 이 문제는 입력된 수에 천 단위 구분 기호를 넣어 출력하는 프로그램이다.

```
01    n = int(input( ))
02    num = input( )
03
04    stack = [ ]
05    out = " "
06
07    for x in num:
08        stack.append(x)
09
10    i = 1
11    while stack:
12        top = stack.pop( )
13        out = top + out
14        if i%3 == 0 and i != n:
15            out = ',' + out
16        i = i + 1
17
18    print(out)
```

1. 프로그램 설계

(1) 변수 설정

입력의 첫 번째 줄은 입력될 수의 자릿수 n이며, 두 번째 줄은 천 단위 구분 기호를 넣을 수이다. n은 정수형으로 변환하지만, 실제 수 num은 콤마(,)를 넣어야 하므로 문자열을 그대로 처리해도 무방하다. 이 문제는 다양하게 풀 수 있지만, 스택 자료 구조를 이용하여 풀어 보도록 한다.

변수명	타입	설명
n	정수	입력될 수의 자릿수를 저장하는 변수
num	문자열	입력될 수를 저장하는 변수
stack	리스트	스택으로 활용될 리스트
out	문자열	천 단위 구분 기호를 넣어 출력될 문자열 변수
top	문자	스택에서 pop(추출)되어 나온 수를 저장할 임시 변수
i	정수	스택에서 꺼낸 수들을 세는 변수

(2) 리스트를 이용한 스택 사용 방법

스택이란 후입선출(LIFO; Last In First Out)로 컴퓨터 시스템에 자주 등장하는 자료 구조이다. 즉, 마지막에 넣은 데

이터가 가장 먼저 나오는 자료 구조이다.

파이썬은 스택 자료 구조를 따로 제공하지 않는다. 하지만 리스트를 이용하면 스택의 동작을 그대로 흉내 낼 수 있다.

■ 스택의 동작 구현

동작	명령
새 스택을 만드는 방법	stack = [ ]
스택에 데이터 x를 넣는 방법	stack.append(x)
스택의 마지막 데이터를 꺼내 top에 저장하는 방법	top = stack.pop( )

■ 스택의 동작 예

명령	스택의 상태
stack = [ ]	stack = [ ]
stack.append(1) stack.append(5) stack.append(3)	stack = [1, 5, 3]
top = stack.pop( )	stack = [1, 5] top = 3

(3) 문제 해결 아이디어

① 입력된 숫자를 순서대로 스택에 넣는다.

② 스택에 데이터가 남아 있을 때까지 다음을 반복한다.

③ 스택에서 데이터를 꺼내 top에 저장한다.

④ 출력할 문자열 out 앞에 top을 붙인다.

⑤ 만약 3의 배수 번째의 값을 꺼내는 경우, 출력 문자열 out 앞에 콤마(,)를 붙인다.

⑥ 단, 입력 문자열의 첫 번째 수가 3의 배수이면 콤마를 붙이지 않는다.

2. 프로그램 설명

• 01~02행: 두 줄에 걸쳐 입력이 이루어진다.

• 04~05행: 새 스택을 생성하고, 출력 문자열 변수를 초기화한다.

• 07~08행: 입력된 숫자를 순서대로 스택에 넣는다.

• 10~16행: 변수 i는 스택에서 몇 번째 데이터를 꺼내는지 개수를 센다. 이 변수의 값이 3의 배수일 때, 콤마를 붙일지 말지 고려한다. 스택에서 수치 문자를 하나씩 뺀 다음 변수 out에 문자열을 하나씩 붙여 나간다.

• 18행: 완성된 out 변수의 값, 즉 천 단위 구분 기호가 포함된 수치 문자열을 출력한다.

올바른 괄호 2

➡️ 이 문제는 입력된 괄호 문자열이 올바른 구성을 가진 괄호 문자열인지 판단하는 프로그램이다.

```python
01    s = input( )
02    stack = [ ]
03
04    for x in s:
05        if x == '(':
06            stack.append(x)
07        else:
08            if stack == [ ]:
09                print("bad")
10                exit( )
11            stack.pop( )
12
13    if stack == [ ]:
14        print("good")
15    else:
16        print("bad")
```

1. 프로그램 설계

(1) 변수 설정

입력으로 여는 괄호 '('와 닫는 괄호 ')'로 이루어진 문자열이 입력된다. 여러 가지 방법이 있지만, 스택을 이용하여 문제를 해결한다.

변수명	타입	설명
s	문자열	입력된 괄호 문자열을 저장하는 변수
stack	리스트	올바른 괄호를 판단하는 데 사용될 스택
x	문자	문자열에서 하나의 문자를 저장하는 임시 반복문 변수

(2) 반복문 설계

❶ 반복 구간 설정

전체 괄호 문자열을 앞에서부터 하나씩 탐색하면서 문제를 해결해야 하므로 다음과 같이 반복문을 설계하였다.

```python
for x in s:
```

❷ 스택을 이용한 문제 해결 아이디어

다음과 같은 알고리즘을 사용하면 스택으로 올바른 괄호를 판단할 수 있다.

> ① 여는 괄호 '('가 나오면 스택에 넣는다.
> ② 닫는 괄호 ')'가 나오면 스택에 들어 있는 여는 괄호를 삭제한다.
> ③ 만약 ②에서 스택이 비어 있으면, 여는 괄호보다 닫는 괄호가 더 많이 나온 경우이므로 올바른 괄호 문자열이 아니다.
> ④ ①~③의 과정을 끝까지 반복했을 때, 스택에 여는 괄호 '('가 남아 있으면 닫는 괄호 ')'가 부족한 경우이므로 올바른 괄호 문자열이 아니다.
> ⑤ 문자열을 모두 탐색한 후 스택이 비어 있으면 올바른 괄호 문자열이다.

예1 '(( ))'인 경우

처리될 괄호 문자	스택의 상태	설명
(	stack = ['(']	스택에 '('를 넣는다.
(	stack = ['(', '(']	스택에 '('를 넣는다.
)	stack = ['(']	스택의 마지막 '('를 삭제한다.
)	stack = [ ]	스택의 마지막 '('를 삭제한다.

문자열을 모두 탐색했는데 스택이 비어 있으므로 올바른 괄호 문자열이다.

예2 ')('인 경우

처리될 괄호 문자	스택의 상태	설명
)	stack = [ ]	스택에 삭제할 '('가 없으므로 올바른 괄호 문자열이 아니다.

예3 '(( )'인 경우

처리될 괄호 문자	스택의 상태	설명
(	stack = ['(']	스택에 '('를 넣는다.
(	stack = ['(', '(']	스택에 '('를 넣는다.
)	stack = ['(']	스택의 마지막 '('를 삭제한다.

문자열을 모두 탐색했는데 스택에 '(' 괄호가 남아 있으므로 올바른 괄호 문자열이 아니다.

2. 프로그램 설명

- 01~02행: 괄호 문자열을 입력받고, 빈 스택을 생성한다.
- 04~11행: 입력받은 문자열을 하나씩 접근하여 탐색한다. 여는 괄호는 스택에 넣고, 닫는 괄호는 스택에 저장된 데이터를 하나 삭제한다. 이때 스택에 데이터가 없으면 올바른 문자열이 아니므로 더 이상 탐색하지 않고 종료한다.
- 13~16행: 문자열을 모두 탐색한 후 스택이 비어 있으면 올바른 괄호 문자열로 판단하고, 남아 있으면 올바른 괄호 문자열이 아닌 것으로 판단한다.

교집합과 합집합

이 문제는 두 집합의 교집합과 합집합을 구하여 출력하는 프로그램이다.

```
01   n = int(input( ))
02   setn = list(map(int, input( ).split( )))
03   m = int(input( ))
04   setm = list(map(int, input( ).split( )))
05
06   s1 = [ ]
07   s2 = setm
08
09   for x in setn:
10       if x in setm:
11           s1.append(x)
12       if x not in setm:
13           s2.append(x)
14
15   if s1 == [ ]:
16       print(0, end='')
17   for x in sorted(s1):
18       print("%d "%x, end='')
19   print( )
20   for x in sorted(s2):
21       print("%d "%x, end='')
```

1. 프로그램 설계

(1) 변수 설정

입력으로 n, m과 두 집합이 입력된다. 최종 목표인 교집합과 합집합을 저장하기 위한 리스트 자료 구조가 필요하다.

변수명	타입	설명
n	정수	집합1의 원소 개수를 저장하는 변수
m	정수	집합2의 원소 개수를 저장하는 변수
setn	리스트	집합1의 원소를 저장하는 리스트
setm	리스트	집합2의 원소를 저장하는 리스트
s1	리스트	집합1과 집합2의 교집합을 저장하는 리스트
s2	리스트	집합1과 집합2의 합집합을 저장하는 리스트
x	정수	집합에서 하나의 원소에 접근하기 위한 반복문에 쓰일 변수

(2) 교집합과 합집합 구하기

① 교집합을 저장할 리스트 s1과 합집합을 저장할 리스트 s2를 생성한다.
② s1은 빈 리스트이고, s2는 집합2의 모든 원소를 넣는다.
③ 집합1의 원소에 하나씩 접근할 때, 그 원소 x가 집합2에 포함되어 있으면 그 원소 x는 교집합 s1의 원소가 된다.
④ 집합2의 원소에 하나씩 접근할 때, 그 원소 x가 집합2에 포함되어 있지 않으면 그 원소 x는 합집합 s2의 원소가 된다.
⑤ 교집합 s1이 공집합이면 0을 출력하고, 공집합이 아니면 s1의 원소를 크기순으로 정렬하여 출력한다.
⑥ 합집합 s2의 원소를 크기순으로 정렬하여 출력한다.

2. 프로그램 설명

- **01~04행:** 4줄에 걸쳐 입력이 이루어진다.
- **06~07행:** 교집합을 저장할 리스트와 합집합을 저장할 리스트를 초기화한다.
- **09~13행:** 집합1을 기준으로 원소에 하나씩 접근하여 집합2에 있는지 확인하고, 교집합과 합집합 리스트에 원소를 추가한다.
- **15~19행:** 교집합이 공집합이면 0을 출력하고, 공집합이 아니면 원소를 크기순으로 정렬하여 출력한다.
- **20~21행:** 합집합의 원소를 크기순으로 정렬하여 출력한다.

다른 풀이 ✓ 리스트가 아닌 집합(set) 자료 구조를 이용한 풀이다.

```
01   n = int(input( ))
02   setn = set(map(int, input( ).split( )))   ◀--• 집합 자료 구조
03   m = int(input( ))
04   setm = set(map(int, input( ).split( )))   ◀--• 집합 자료 구조
05
06   s1 = setn & setm   ◀--• 교집합 연산
07   s2 = setn | setm   ◀--• 합집합 연산
08
09   if s1 == set( ):   ◀--• 공집합이면 10행 수행
10       print(0, end='')
11   for x in sorted(s1):
12       print("%d "%x, end='')
13   print( )
14   for x in sorted(s2):
15       print("%d "%x, end='')
```

쌍둥이 소수

이 문제는 특정 구간에서 쌍둥이 소수를 모두 찾아내는 프로그램이다.

```
01    a, b = map(int, input( ).split( ))
02    era = [False, False] + [True] * (b-1)
03
04    for x in range(2, b+1):
05      if era[x]:
06        for j in range(x+x, b+1, x):
07          era[j] = False
08
09    for x in range(a, b-1):
10      if era[x] and era[x+2]:
11        print(x, x+2)
```

1. 프로그램 설계

(1) 변수 설정

입력으로 소수를 구하는 구간 정수형으로 a, b가 입력되고, 소수인지 아닌지 체크하는 리스트를 활용한다.

변수명	타입	설명
a	정수	구간의 시작 수를 저장하는 변수
b	정수	구간의 마지막 수를 저장하는 변수
era	리스트	소수인지 아닌지를 체크하는 리스트
x	정수	반복문에서 하나의 수에 접근하기 위한 임시 변수

(2) 소수 구하는 알고리즘

① 어떤 수 n이 소수인지 아닌지 판별할 때

소수는 1과 자기 자신 외에 약수를 가지지 않는 수이므로, 2~(n-1)까지 한 번도 나누어떨어지지 않으면 소수로 판단할 수 있다. 다음과 같이 사용자 정의 함수로 설계하여 자주 사용된다.

```
def isPrime(n):
  for x in range(2, n):
    if n%x == 0:
      return False
  return True
```

❷ 구간에서 소수를 판별하는 방법

하나의 수가 아닌 a~b 구간에서 소수를 빠르게 구하는 알고리즘이 있는데 에라토스테네스가 고안한 방법으로 '에라토스테네스의 체'라고 불린다. 원리는 어떤 수가 소수이면 그 수의 배수는 소수가 될 수 없다는 데 착안하여 그 수의 배수를 모두 지우는 것이다. 0과 1은 소수에서 제외하고, 2부터 시작하여 n까지의 구간에서 소수를 빠르게 구할 수 있다.

예를 들어, 2부터 탐색하여 처음 2는 소수로 정하고, 2의 배수는 모두 삭제한다. 3은 소수로 정하고, 3의 배수는 모두 삭제한다. 4는 삭제되어 없으므로 다음 수인 5는 소수로 정하고, 5의 배수는 모두 삭제한다. 이 방법을 반복하면 소수만 남는다.

```
era = [False, False] + [True] * (b−1)
for x in range(2, b+1):
    if era[x]:
        for j in range(x+x, b+1, x):
            era[j] = False
```

```
 1   2   3   4   5   6   7   8   9  10
11  12  13  14  15  16  17  18  19  20
21  22  23  24  25  26  27  28  29  30
31  32  33  34  35  36  37  38  39  40
41  42  43  44  45  46  47  48  49  50
```

2. 프로그램 설명

- **01행:** 구간 a, b의 값을 입력받아 정수형으로 변환한다.
- **02행:** '에라토스테네스의 체'를 저장할 리스트를 초기화한다. 리스트의 인덱스는 0부터 시작되므로 0과 1은 소수가 아니므로 'False'로 초기화한다. 2부터는 모두 확인이 필요하므로 'True'로 초기화한다. 리스트끼리의 덧셈 연산은 두 리스트를 이어 붙이는 기능이다.
- **04~07행:** '에라토스테네스의 체' 알고리즘을 코드로 구현한다.
- **09행:** a~b 구간을 탐색한다.
- **10~11행:** 어떤 수 x가 'True'이고 x+2도 'True'이면, x와 x+2는 '소수'이므로 두 수를 공백으로 분리하여 출력한다.

※ 소수를 더욱 빠르게 구하는 방법

앞에 소개된 알고리즘의 속도를 더욱 빠르게 개선할 수 있는 방법이 있다. 04행에서 반복문이 2~n까지 탐색하여 시간이 많이 걸리므로, 탐색 구간을 줄여 속도를 개선한다. 수가 커지면 커질수록 속도 차이가 어마어마하다.

```
def isPrime(n):
    for x in range(2, int(n**0.5)+1):
        if n%x == 0:
            return False
    return True
```

▲ 어떤 수 n이 소수인지 아닌지 판별하기

```
era = [False, False] + [True] * (b−1)
for x in range(2, int(b**0.5)+1):
    if era[x]:
        for j in range(x+x, b+1, x):
            era[j] = False
```

▲ 구간에서 소수를 빠르게 판별하기

기억력 테스트 3

이 문제는 입력된 데이터 중 원하는 값이 있었는지 없었는지를 확인하는 프로그램이다. 입력의 범위가 매우 크므로 단순한 방법으로 문제를 해결하기 어렵다.

```
01    def binary_search(start, end, q):
02        mid = (start + end) // 2
03        if start > end:
04            return -1
05        if data[mid] < q:
06            return binary_search(mid + 1, end, q)
07        elif data[mid] > q:
08            return binary_search(start, mid - 1, q)
09        else:
10            return mid + 1
11
12    n = int(input( ))
13    data = list(map(int, input( ).split( )))
14    m = int(input( ))
15    questions = list(map(int, input( ).split( )))
16    for q in questions:
17        print("%d "%(binary_search(0, n - 1, q)), end='')
```

1. 프로그램 설계

(1) 변수 설정

입력으로 n, n개의 수, 질문의 개수, m개의 질문이 입력된다.

변수명	타입	설명
n	정수	데이터의 개수를 저장하는 변수
data	리스트	n개의 데이터를 저장하는 리스트
m	정수	질문의 개수를 저장하는 변수
questions	리스트	m개의 질문을 저장하는 리스트
binary_search(start, end, q)	재귀 함수	시작 위치(start)와 마지막 위치(end)에서 질문(q)을 찾는 이분 탐색 함수

(2) 이분 탐색

순차 탐색은 모든 데이터를 처음부터 순서대로 탐색하기 때문에 데이터가 커질수록 x를 찾는 시간이 많이 걸리는 단점이 있다. 이분 탐색은 이를 보완하기 위한 탐색 방법으로 데이터가 정렬되어 있을 때 활용할 수 있는 방법이다. 어떤 수 x를 확인했을 때, 찾고자 하는 수보다 큰지 작은지 판단할 수 있다. 또한, 그 판단에 따라 한쪽이 완전히 배제되는 것에 착안한다.

이분 탐색은 전체 탐색 구간을 반으로 나누고, 한가운데 위치한 데이터와 찾을 데이터를 비교하여 가능성이 있는 구간으로 재귀적으로 접근하는 탐색 방법으로 효율이 좋다.

예를 들어, 숫자 1~100 중 43을 몇 번 만에 찾을 수 있는지를 확인해 보자.

1단계: 1~100의 한 가운데 50과 43을 비교한다. 50보다 작으므로 다음에는 1~49를 탐색한다.
2단계: 1~49의 한 가운데 25와 43을 비교한다. 25보다 크므로 다음에는 26~49를 탐색한다.
3단계: 26~49의 한 가운데 37과 43을 비교한다. 37보다 크므로 다음에는 38~49를 탐색한다.
4단계: 38~49의 한 가운데 43과 43을 비교한다. 찾고자 하는 수이므로 더 이상 탐색하지 않고 탐색을 종료한다.

2. 프로그램 설명

- 01~10행: 이분 탐색을 재귀 함수로 정의한다. 질문을 찾았을 때 해당 위치를 리턴하고, 데이터를 찾지 못하면 −1을 리턴한다.
- 12~15행: 4줄에 걸쳐 입력 데이터를 저장한다.
- 16~17행: 이분 탐색 함수를 이용하여 m개의 질문에 하나씩 대답한다.

다른 풀이 이분 탐색을 반복문으로 작성한 풀이다.

```
01   n = int(input( ))
02   data = list(map(int, input( ).split( )))
03   m = int(input( ))
04   questions = list(map(int, input( ).split( )))
05   for q in questions:
06       start = 0
07       end = n − 1
08       while start <= end:
09           mid = (start+end) // 2
10           if data[mid] < q:
11               start = mid + 1
12           elif data[mid] > q:
13               end = mid − 1
14           else:
15               print("%d "%(mid+1), end='')
16               break
17
18       if start > end:
19           print("−1 ", end='')
```

출처

표지/머리말/차례/단원 소개/본문
디자인 요소: 게티이미지뱅크
본문: 31, 33, 38, 46, 67, 68, 106,
168, 170, 172, 174, 176,
178, 180, 182, 184, 186,
188, 190, 196, 200, 202,
206, 208, 210, 216, 218,
280p 게티이미지뱅크
52p | 최초의 컴퓨터 버그 기
록과 사진 | https://ko.wiki-
pedia.org/wiki/%EC%86%8
C%ED%94%84%ED%8A%B8
%EC%9B%A8%EC%96%B4_
%EB%B2%84%EA%B7%B8

MEMO

MEMO

코드업과 함께 하는
파이썬
&문제 해결

| 발 행 일 | 초판 1쇄 발행 2020년 11월 20일 |
| | 2쇄 발행 2022년 5월 10일 |

지 은 이	배준호, 정웅열, 정종광, 전현석
발 행 인	신재석
발 행 처	(주)삼양미디어
주 소	서울시 마포구 양화로 6길 9-28
전 화	02) 335-3030
팩 스	02) 335-2070
등록번호	제10-2285호
	Copyright © 2020, samyangmedia
홈페이지	www.samyangM.com
I S B N	978-89-5897-387-4(13000)
정 가	16,000원